Sol y sombra
Third Edition

Sol y sombra
Third Edition

Paul Pimsleur
Late of State University of New York, Albany

Beverly Pimsleur

Frederick Suárez-Richard

HARCOURT BRACE JOVANOVICH, PUBLISHERS
San Diego   New York   Chicago   Austin
London   Sydney   Toronto

Acknowledgments

The editor wishes to thank the following for kind permission to adapt and reprint material appearing in this book:

Américas, Washington, D.C.: "Volando cometas," reprinted from *Américas*, monthly magazine published by the General Secretariat of the Organization of American States in English, Spanish and Portuguese.

Argentina, Buenos Aires: "El arte precolombino," from *Argentina*, #3, junio de 1969.

Atlantic Network, Inc., New York: "Adios, Argentina," from *Somos*, #263, del 2 de octubre, 1981.

Blanco y negro, Madrid: " 'Copito de Nieve,' residente del zoo de Barcelona," from *Blanco y negro*, #2691, 1 de febrero de 1969.

Clarín, Buenos Aires: "El perrito," from *Clarín*, #8662, 1 de marzo de 1970.

El Diario-La Prensa, New York: "Una chicana," from *El Diario-La Prensa*, 5 de agosto de 1975.

Ediciones Meridiano, S.A., Barcelona: "¿Por qué huyen los adolescentes de sus casas?", from *Meridiano*, agosto de 1969.

Editorial America, S.A., Virginia Gardens, Florida: "¡Salsa!", from *Cosmopolitan en español*, julio de 1981.

Editorial Atlantida, Buenos Aires: "Los grandes casos del inspector Begonias," from *Gente*, #507, 10 de abril de 1975.

Editorial Momento, S.A., Caracas: "Descifre sus sueños," from *Momento*, #681, 3 de agosto de 1969 and #687, 14 de septiembre de 1969.

(*continued*)

Cover Photograph: Peter Paz

ISBN: 0-15-582413-9
Library of Congress Catalog Card Number: 82-083868

Printed in the United States of America

Picture Credits and Copyright Acknowledgments appear on page 158.

a nuestros hijos:

Julie y Marc-Andrew,
Carmelinda y Alexander

Preface

Sol y sombra is now in its third edition. As in the past, the focus of the book is on people—the way they express their cultural traditions, how they adapt to a changing world, and how they accomplish the goals they set for themselves. An even greater variety of Spanish-speaking peoples is represented in this edition, ranging from Mexican-American muralists in Chicago to feminists in Chile to handicapped factory workers in southern Spain. There are eleven entirely new articles and four others that have been updated. The entire book has been thoroughly checked for authenticity and simplicity of language, and additional exercises have been designed to encourage greater student participation.

When the late Paul Pimsleur developed *Sol y sombra* over a decade ago, it was still unconventional to turn to popular magazines and newspapers for reading selections. But since then literally hundreds of language readers have appeared that do exactly that. We believe, however, that *Sol y sombra* remains unique, for it alone reflects the spirit, goals, and high standards of Paul Pimsleur. The purpose of the book is still best expressed in Professor Pimsleur's original preface:

> The purpose of *Sol y sombra* is to enable students to read Spanish early. Not just stumble and decipher, but really *read*, for fun and information, as soon as they have learned a rudimentary vocabulary and some elementary points of grammar.
>
> Magazine articles are ideal for this purpose because they seize and hold the reader's interest better than any other form of writing. But most magazine articles are far too difficult for a near-beginning student to read. For this reason, the selections in this book have been carefully adapted—difficult words and constructions simplified, complex passages modified or deleted—until even students with very little knowledge of Spanish can read them fairly easily. Since everything is entirely in Spanish—all articles, glosses, and exercises—students will find themselves thinking in Spanish most of the time.
>
> I hope these graded readings will help teachers make

the transition from the contrived material of textbooks to the genuine language of journalism and literature, and to introduce their students to the contrasting faces, the *sol y sombra* of Hispanic culture today.

We would like to thank everyone who contributed to this new edition of *Sol y sombra*—the teachers and instructors who responded to our questionnaire; Bárbara García Miranda, who helped with the early stages of manuscript preparation; Peter Paz, *fotógrafo estupendo*; Esther Ferrer; the Permanent Mission of Chile to the United Nations; Victor Fassari of Atlantic Network, Inc.; the Spanish Consulate in New York; and the Ralph Mercado Agency. And, of course, to our friends at Harcourt Brace Jovanovich: our editor, William Dyckes; Elaine Bernstein; Mary-Ann Courtenaye; Robert C. Karpen; Arlene Kosarin; Albert I. Richards; and Barbara Salz.

Beverly Pimsleur
Frederick Suárez-Richard

Contents

Primer nivel

Segundo nivel

Tercer nivel

Introduction

Thirty varied and lively articles from the Spanish-language press have been selected for this book. Some are light and some serious, but all were written by journalists who know how to inform and entertain at the same time.

The limited reading competence of a near-beginning student, and his or her need to gain reading fluency gradually, have been kept in mind throughout. To facilitate progress, the articles have been "graded" and copious exercises added. The following section explains the rationale for the gradation, and offers suggestions on how to use the readings and exercises effectively.

The Grading Process

Vocabulary

Choice of words was an important consideration. A study of six widely used high school and college textbooks, correlated with the *Recuento de vocabulario español* (University of Puerto Rico, 1952) revealed that there are about 1,000 basic words likely to be familiar to most American students. The first 500 of these formed the basis for the *Primer nivel*, the last 500 for the *Segundo* and *Tercer nivel.*

The articles were edited as follows. Any word not found among the "basic" 500 or 1,000 words was either eliminated, replaced by an easier word, or glossed (defined) in the margin when it first appeared. These marginal glosses are as succinct as possible (many consist of a small picture), and they are spaced out, with an average of not more than one new word in thirty-five running words of text. The point is to allow students to pick up momentum and read line after line without breaking their train of thought to look up a word in the back of the book.

However, 500 words, or even 1,000, are not enough to express all the varied ideas these articles contain. We have relied on cognates to supply the extra vocabulary required. But cognates must be treated carefully, for while some are perfectly clear, others may be misleading. Our policy has been to treat as familiar words any cognates that are unmistakable (*animales, plantas*) or that can be made so by a brief explanation from the instructor (*triunfo, tentación, físico*). Other, less recognizable cognates have been treated as unfamiliar words, that is, glossed when they first appear.

The instructor is urged to help the students before they begin reading by explaining some of the common spelling differences between English and Spanish— *n* for *m*, *f* for *ph*, etc.—and by familiarizing them with the commonest word endings, such as *-oso, -mente, -dad,* and *-ción.* They will then be able to recognize a host of cognates like *completamente, universidad,* and *acción.*

A tip for students: when you meet an unfamiliar word, it sometimes helps to pronounce it aloud. For example, *rutina* and *armonía* are probably more recognizable by sound than by sight.

Grammar

The readings are graded to conform approximately to the order in which grammar appears in widely used textbooks. The chief obstacles to ready comprehension—the various inversions, compressions, and embeddings, which are the professional writer's stock in trade—have been expanded and simplified. We have tried to maintain a delicate balance between style and simplicity.

The most complex single feature of grammar is the verb system. We have controlled the order of introduction of verb tenses in these readings, and present the following table for the use of instructors who may wish to select readings in terms of the verb tenses they contain:

Primer nivel:

1 to 6 contain the present, progressive, preterit and imperfect.
7 to 11 add the present perfect, future, and conditional.

Segundo nivel:

12 and 13 contain the present, progressive, preterit, imperfect, present perfect, and future.
14 to 20 add the conditional and pluperfect.

Tercer nivel:

21 and 22 contain the present, progressive, preterit, imperfect, present perfect, future, and conditional.
23 to 30 add the pluperfect, present subjunctive, and imperfect subjunctive.

Exercises

The exercises in *Sol y sombra* aim to reinforce the students' growing reading ability while maintaining their skills in speaking and listening. More than twenty kinds of exercises are provided, most of them brief, yet varied enough to fill the class hour with purposeful activity. They fulfill four basic functions: 1. to increase active vocabulary; 2. to drill particular structures; 3. to exercise reading and listening comprehension; 4. to stimulate oral and written expression.

Vocabulary Exercises

Under a variety of formats—*Sinónimos, Antónimos, Definiciones, Familia de Palabras*—these exercises help the students to recall important new vocabulary contained in the reading selection. In selection 1, for example, the students are given the stimulus

Un artista que canta es un _____. →

They are to supply the word *cantante*, which appeared in the text. Best results will be achieved if the students are asked to say the entire response sentence, rather than merely supplying the single missing word, and to do so in a normal conversational tone, with normal intonation and without stressing the new word unduly. They may have difficulty at first in pronouncing a sentence as long as

Un artista que canta es un *cantante*.

from memory, but with perseverance on the teacher's part, the class will soon accept this expectation as normal.

Excessive page shuffling should be avoided. A student who does not recall the required word may refer back to the text, but if he or she does not find it quickly, the teacher should supply the answer and proceed to the next item. Too much searching can destroy the brisk classroom tempo that this book aims to help teachers maintain.

A tip for teachers: there is no harm in repeating previous items, in random order, when additional practice is required. This holds true for all of our exercises.

Structure Exercises

Under the general title *Estructuras*, several drills appear after each selection; these single out for practice certain important structures that occurred in the selection. Following an article on the painter Dalí, for example, three structural points are drilled:

1. indirect object pronouns
   Todo interesa *a Dalí*.   →   **Todo *le* interesa.**

2. present participles
   Él *llega* a Port Lligat.   →   **Él *está llegando* a Port Lligat.**

3. the preterit tense

Lleva un bigote largo. → **Llevó** un bigote largo.

The *Estructuras* are pattern drills. In response to the instructor's oral stimulus, the entire class, or a designated student, should answer in a complete utterance according to the model. Natural accent and intonation are as important as correct construction. Later, these same drills can serve as oral or written quizzes.

In keeping with current efforts to teach students to communicate in the foreign language by simulating natural conversational exchanges in the classroom, a number of exercises are now couched as "mini-conversations" rather than as pattern drills. For instance, the following exercise appears after an article on the signs of the Zodiac:

CUE: **(los Acuarios; la música)**

ESTUDIANTE A: **¿Para qué tienen talento los Acuarios?**
ESTUDIANTE B: **Los Acuarios tienen talento para la música.**

1. (los Tauros; la administración)

These exercises are to be done by pairs of students who, after looking at the cue, turn away from the book and hold their "mini-conversation."

Comprehension Exercises

Reading comprehension is checked in two types of exercises, one more difficult than the other: *¿Verdadero o falso?*, and *Preguntas*. The former require less recall and simpler responses than the latter. Instructors may wish to do one exercise or the other, depending on the level of ability of their students. If a statement in a *¿Verdadero o falso?* exercise is true, the student responds by saying *Sí, es verdad*, or *Es verdad*, and then repeating the statement. If the statement is false, he or she says *No es verdad*, or *Es mentira*, and then corrects the mistake.

Free Expression Exercises

The main vehicles for self-expression are the *Puntos de vista* and *Debate* exercises, which begin with selection 7. (To invite free expression earlier would be premature.) These consist of provocative statements or questions, phrased so as to elicit student reaction and foster classroom discussion. After selection 27, for example, which deals with the sport of cock-fighting, the *Debate* exercise is the following:

La clase se divide en dos partes (pro y contra) para discutir la pregunta: ¿Debe prohibirse o permitirse la lucha de gallos?

A lively discussion can be an exciting class activity, but it must be guided judiciously by the instructor, as students' ideas tend to run far ahead of their Spanish.

Our *Puntos de vista* can be done orally or in writing. We recommend that teachers allow ample time for oral discussion, so that students can develop their ideas, before they assign written compositions, letters, or dialogues on the same topic.

Teaching Suggestions

Experienced teachers have many techniques for teaching reading in an atmosphere of oral give-and-take. For the younger instructor who may want a bit of guidance, we offer these suggestions.

Prereading

It is often useful to prepare students in advance for the selection they are going to read. One can say a few words about the content or the point of view, to set the stage and improve comprehension. More important, perhaps, one can prepare students for difficult words and constructions they will encounter by composing original sentences that contain these and by practicing them in advance.

Mechanics of Reading

It is well to remind students from the beginning *how* to read. Two chief principles to keep in mind are *inferring* and *grouping.* The first means that students should attempt to infer the meaning of unfamiliar words from the context, rather than looking them up automatically. The second involves reading in thought groups rather than one word at a time. Students should consciously strive to do this and to gradually increase the size of the "chunk" of words they can handle at a single glance.

A novel technique instructors may wish to try is the following: Record a selected reading passage on tape, leaving pauses at appropriate points between thought groups. Students then use the tape to pace their own reading. On the first pass, they repeat each phrase in the pause that follows it. But on the second and subsequent passes, they must *anticipate* the pause, that is, they must reach each phrase *before* the tape does so.

Listening Comprehension

Instructors should not neglect the potential that interesting reading material offers for improving their students' comprehension of the spoken language. In addition to doing the listening exercises provided with some selections, they may wish to: 1. read aloud regularly to the class while the students listen with books closed; 2. retell in their own words a story the students have recently read; 3. perform the exercises by reading the items aloud to the students, who listen with books closed and then give the required responses.

Reading Aloud

This familiar classroom technique causes much confusion. The common—but incorrect—procedure is to have one student read aloud while the others follow along in their books. Often, boredom and restlessness result, since in effect one student is occupied and the others are not. Instructors who wish to have individual students read aloud should try the following technique instead: Have the class close their books (keeping a finger in place), while one student reads aloud to them. The reader is instructed that he or she is to absorb one phrase at a time and then say it aloud, with sufficiently clear pronunciation that the others can grasp the meaning solely from what he or she says. They, at the same time, must concentrate fully, knowing the instructor will question them after a few sentences have been "read" in this manner. This technique diminishes dependence on the printed text and enables the instructor to maintain eye contact, so necessary for brisk oral communication. Students may resist at first but will soon accustom themselves to this procedure if the instructor perseveres.

To conclude this opening note, we sincerely hope that this reader will enable teachers to add reading to the list of their students' accomplishments while furthering their listening and speaking skills at the same time.

Sol y sombra
Third Edition

Primer nivel

1

¡Salsa! = sauce

La acción comienza con el aplauso de treinta mil personas y la entrada del maestro de ceremonias. Toma el micrófono, saluda al público y presenta a los artistas. Aparecen uno por uno y el entusiasmo crece° con cada presentación. Todos son sensacionales. Cuando la orquesta toca° la canción tema, el público ya esta eufórico.

se hace más grande
hace música

Así es como comienzan los conciertos de una nueva clase de música que se llama *salsa*. La original combinación de instrumentos y voces produce un sonido que es único. En el centro de éste, están las trompetas y las congas.° El resultado es un ritmo caliente que invita a bailar.

congas

Como el *rock*, la salsa domina al público con sus superestrellas.° Entre los músicos más espectaculares están Ray Barretto y el cubano Mongo Santamaría, quienes tocan congas, el dominicano Johnny Pacheco que toca la flauta y el puertorriqueño Willie Colón que toca la trompeta. Y por supuesto, la cantante cubana Celia Cruz es la reina de la salsa.

estrella

Los orígenes de la música salsa son tan variados como sus artistas. La salsa comenzó en Cuba y se deriva de muchos elementos; entre ellos el ritmo traído por los esclavos negros del África occidental, el sonido de los instrumentos de los indios y la influencia del *jazz*. Es una música nacida° bajo el sol tropical del Caribe. Pero hoy se escucha en todas partes, especialmente en Nueva York y otras ciudades de los Estados Unidos donde viven millones de hispanos.

° que comenzó a vivir

¡Y sabe usted por qué es tan popular la salsa? Tal vez es porque expresa lo que verdaderamente siente el público. Como dice Ray Barretto, "es la música de la gente honesta". Pero aún más importante es su intensidad, que es imposible describir con palabras. Para sentir lo que es la salsa, ¡hay que escucharla!

Adaptación de un artículo en *Cosmopolitan en español* (Miami)

Ejercicios

Vocabulario

Dé un ejemplo.

un puertorriqueño   →   Willie Colón

1. una canción
2. una ciudad
3. una cantante
4. un instrumento musical
5. algo caliente

Complete con una palabra del texto.

Un artista que canta es un _____. →
Un artista que canta es un *cantante*.

1. Un músico es una persona que _____ un instrumento musical.
2. Algo que _____ comienza pequeño y termina grande.
3. Un _____ es un evento musical.
4. El _____ son los espectadores.
5. Un cantante usa su _____ para cantar.

Celia Cruz

Estructuras

(el maestro de ceremonias; saludar; el público) →
El maestro de ceremonias saluda al público.

1. (el maestro de ceremonias; presentar; los artistas)
2. (el público; aplaudir; el músico más espectacular)
3. (la salsa; dominar; el público)
4. (todos; adorar; Celia Cruz)
5. (todos; admirar; la cantante número uno)

¿Verdadero o Falso?

Corrija la oración si es falsa.

1. El maestro de ceremonias dice quiénes son los artistas.
2. La orquesta toca la canción tema cuando terminan las presentaciones.
3. Mongo Santamaría es cantante.
4. El ritmo de la salsa es de orígen africano.
5. En la salsa hay algo de *jazz*.

Ray Barretto

Preguntas

1. ¿Quiénes son sensacionales?
2. ¿Cómo está el público cuando escucha la canción tema?
3. ¿Qué toca Johnny Pacheco?
4. ¿Quién es la reina de la salsa?
5. ¿En dónde comenzó la salsa?
6. ¿Qué dice Ray Barretto de la salsa?

Discusión

1. ¿Conoce usted la música salsa? ¿Es muy popular donde usted vive? ¿No es conocida? ¿Por qué?
2. En su opinión, ¿cuál es la mejor música? ¿El *rock*? ¿La salsa? ¿La música clásica? ¿El *jazz*?...
3. ¿Cuál es el equivalente literal en inglés de la palabra *salsa*? ¿Por qué cree que esta música se llama así?
4. ¿Quién es su cantante favorito? ¿Por qué le gusta?

2

"Copito de Nieve",° residente del zoo de Barcelona

copito de nieve

9

El conocido "Copito de Nieve" es un gorila único. Es blanco y de ojos azules. Vive en el *zoo* de Barcelona y su fama es universal. Ahora hay hasta tarjetas postales° con su foto.

El animal tiene una historia interesante. Viene de Río Muni, una región del África ecuatorial que fue una colonia española. Un campesino lo halló al lado del cadáver de su madre, una gorila negra. Lo vendió a un naturalista español, quien llevó al bebé a su casa.

Era un "niño" exquisito. Aprendió a andar de la mano con las personas que conocía bien y seguía a su "padre" y a su "madre" por todas partes. Le gustaba jugar con los humanos y comer bananas que ellos le daban.

Cuando empezó a vivir en el *zoo*, aprendió a comer chocolates y a tomar refrescos.° Lo pusieron en compañía de un gorila negro llamado Muni, joven como él y del mismo tamaño.° Jugaban juntos. Muni era siempre más activo y más valiente que Copito de Nieve. Pero el día

Por ejemplo, limonada

dimensión física

—albino

que les llevaron una compañera, una hermosa gorila negra, las cosas cambiaron. Copito de Nieve dejó de ser dominado por Muni y empezó a dar órdenes.

Ahora Copito de Nieve está más civilizado, tiene más de quince años y es un padre muy bueno. Los expertos del *zoo* pensaron que el gorila blanco podía tener hijos y tuvieron razón. Hace algunos años, Copito de Nieve y una gorila negra tuvieron un hermoso hijo; también negro, como su madre.

Copito de Nieve vive feliz° en Barcelona, esperando   alegre
la visita de usted. Es todavía el único gorila blanco del mundo.

Adaptación de un artículo de *Blanco y Negro* (Madrid)

Ejercicios

Vocabulario

Halle la expresión apropiada en el texto.

Este gorila es blanco como un _____.   →
Este gorila es blanco como un *copito de nieve*.

1. Tiene los _____ azules.
2. Viene de una región del continente de _____.
3. _____ lo halló.
4. El bebé estaba _____ del cadáver de su madre.
5. El campesino lo vendió a un _____ español.
6. El gorila aprendió a andar _____ con las personas que conocía bien.
7. Seguía a su "padre" y a su "madre" _____.

Estructuras

A

En el *zoo* vive un gorila blanco. Es muy conocido.   →
En el *zoo* vive un gorila blanco que es muy conocido.

1. Un día vino un campesino. Halló al gorila.
2. Estaba al lado de su madre. Era una gorila negra.

3. El campesino lo vendió a un español. Lo llevó a casa.
4. Aprendió a jugar con las personas. Eran sus amigos.
5. Copito de Nieve es un gorila. Aprendió a comer chocolates.
6. En el *zoo* vive con su esposa. Es una hermosa gorila negra.

B

Copito de Nieve ya no es un bebé. →
Copito de Nieve dejó de ser un bebé.

1. El gorila blanco ya no come chocolates.
2. Ya no vive en casa del naturalista.
3. Ya no anda de la mano con su "padre."
4. Ya no tiene problemas con su compañero.
5. Ya no juega con los humanos.
6. Ya no toma refrescos.

¿Verdadero o Falso?

Corrija la oración si es falsa.

1. Hay varios gorilas blancos en el mundo.
2. Este gorila se llama Copito de Nieve porque es azul.
3. Viene de una región del África.
4. Un campesino lo halló debajo del cadáver de su madre.
5. Un naturalista llevó al gorila a un laboratorio.
6. Tenía un amigo que se llamaba Muni.
7. Todavía vive con el naturalista español.
8. Copita de Nieve no tiene hijos.

Preguntas

1. ¿Por qué aparece en tarjetas postales Copito de Nieve?
2. ¿Dónde vive el gorila blanco?
3. ¿De dónde viene este animal interesante?
4. ¿Quién lo halló? ¿Dónde?
5. ¿Qué hizo el naturalista con el bebé?
6. ¿Qué aprendió el gorila en casa del naturalista?
7. ¿Qué le gustaba comer cuando vivía en casa del naturalista?
8. ¿Qué aprendió comer en el *zoo*?
9. Cuando empezó a vivir en el *zoo*, ¿con quién lo pusieron?
10. ¿Cuándo cambió la relación entre Copito de Nieve y Muni?

3
Volando cometas

En los países católicos, el primero de noviembre es un día dedicado a la memoria de los muertos.° Para los residentes del pequeño pueblo de Santiago Sacatepéquez, en Guatemala, es un día muy especial. Ellos lo celebran volando cometas en el cementerio. Santiago es famoso por esta tradición.

   Las cometas son fabricadas por los muchachos del pueblo todos los años. Ellos se dividen en grupos de cinco

muertos

o más, y cada grupo construye una cometa. Primero hacen el círculo central. Luego, alrededor de éste, forman otro, y así continuán, haciendo círculos cada vez más grandes. Cuando están terminados, las atractivas cometas son tan enormes que no caben° dentro de las pequeñas casas de adobe donde viven los jóvenes. Muchas tienen cinco metros° de diámetro. Algunas son aún más grandes.

°no se pueden poner

°approximadamente 17 pies

En la tarde del primero de noviembre las hermosas cometas están listas para volar. Los muchachos las llevan al cementerio y allí son admiradas por miles de visitantes. Cada cometa es una obra original que solamente va a durar° esa tarde. Los muchachos las vuelan hasta que un accidente destruye sus frágiles cuerpos de papel de colores.

°existir

Adaptación de un artículo de *Américas* (Washington, D.C.)

Ejercicios

Vocabulario

Dé otra palabra con un significado equivalente.

Todos los *habitantes* de Santiago van al cementerio. →
Todos los *residentes* de Santiago van al cementerio.

1. Los *jóvenes* llevan sus cometas.
2. Para ellos, volar cometas allí es una *costumbre*.
3. Las cometas son *muy grandes*.
4. Son *delicadas* porque están hechas de papel.
5. Son muy admiradas por los *turistas*.
6. Cada cometa es *única*.
7. Los muchachos *fabrican* cometas todos los años.
8. Ellos se *separan* en grupos pequeños.
9. Las cometas más *bellas* vienen de Santiago.

Estructuras

Hay muchos turistas. Viajan a Guatemala. →
Hay muchos turistas viajando a Guatemala.

1. Allí están las familias. Visitan el cementerio.
2. Todos se dividen. Forman grupos pequeños.
3. Están en Guatemala. Conocen Santiago.
4. Hay muchos jóvenes. Viven en el pueblo.
5. Pasan varias semanas. Hacen cometas.
6. Están en el cementerio. Celebran el primero de noviembre.
7. Hay muchas personas. Ven a los muchachos.
8. Todos están allí. Admiran las cometas.

¿Verdadero o Falso?

Corrija la oración si es falsa.

1. El primero de noviembre es un día para recordar a los muertos.
2. Los residentes de Santiago no salen de su casa ese día.

3. Los jóvenes venden cometas.
4. Las cometas están formadas por varios círculos.
5. Las cometas necesitan poco espacio.
6. Los muchachos viven en el cementerio.
7. Todas las cometas son diferentes.
8. Los visitantes destruyen las cometas.

Preguntas

1. ¿En qué país está Santiago Sacatepéquez?
2. ¿Qué fecha es especial allí?
3. ¿Cómo celebra ese día la gente de Santiago?
4. ¿Cuántos jóvenes participan en la fabricación de una cometa?
5. ¿Cómo la hacen?
6. ¿Por qué no caben en las casas las cometas?
7. ¿Cuándo son llevadas al cementerio?
8. ¿Por qué duran una tarde solamente?

Creatividad

1. Pretenda ser de Santiago. Muestre cómo hacer una cometa.
2. Pretenda haber visitado Santiago. Cuente su experiencia.

4 Dalí

Nuestro vecino más famoso llegó hoy a Port Lligat. Vamos a su casa en la playa para hablar con el pintor° Salvador Dalí.

    Al llegar a su casa, vemos a los amigos y a las muchachas hermosas que siempre están alrededor de él.

pintor

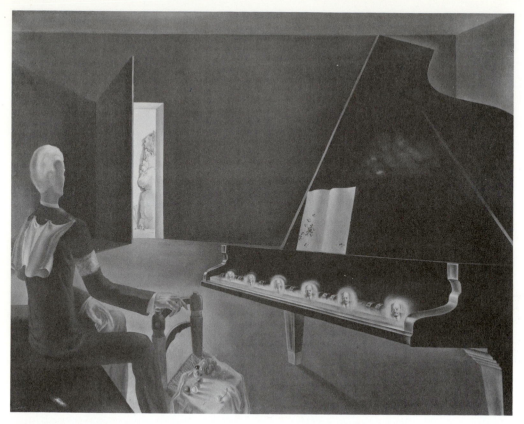

Salvador Dalí, *Evocación de Lenin*, 1933. Musée d'Art Moderne, Paris.

Van a sus tertulias° y a veces sirven de modelos para sus obras.° **grupos que se reúnen para conversar / producciones artísticas**

Cada vez que visitamos a Dalí, tiene una nueva excentricidad. Este año él no permite las fotografías, o las permite sólo si le pagamos. Dice que una importante agencia francesa tiene una exclusiva para sus fotos. Esta agencia le paga muy bien, y por eso él no permite las fotos por menos de diez mil dólares al día.

Dalí es un artista importante. En su juventud estuvo influido° por las tendencias de la época: impresionismo, cubismo. Muy pronto entró en contacto en París con el movimiento surrealista, lo que determinó su estilo para siempre. **influenciado**

A Dalí, todo le interesa, pero el sujeto que le preocupa más es éste: Dalí. Para él, la vida es un juego. Lleva ropa extravagante y un bigote° largo. El célebre y extraordinario **mostacho**

Dalí tiene todo el entusiasmo de un niño: a los setenta y cinco años.

Siempre busca la publicidad, y está preparando una película° que se llama "El Divino". ¿Quién es el personaje central? El Divino en persona: Dalí. Es la historia de un gran pintor que pierde a su esposa y nunca más está contento. Viaja a Roma, París, Nueva York y Port Lligat y en cada lugar tiene otra compañera hermosa. Parece que esta película va a costar una fortuna, pero Dalí nunca está contento sin un espectáculo colosal, como mínimo.

film

Adaptación de un artículo de Mundo hispánico *(Madrid)*

Ejercicios

Antónimos

Dé la palabra con el significado contrario.

Nuestro vecino *salió de* Port Lligat. → **Nuestro vecino *llegó a* Port Lligat.**

1. Vemos a sus *enemigos.*
2. Las muchachas *feas* siempre están alrededor de él.
3. Siempre tiene una *vieja* excentricidad.
4. Esta agencia le paga muy *mal.*
5. *Nada* le interesa.
6. Lleva un bigote *corto.*
7. Dalí nunca está contento *con* un espectáculo.

Descripción

Escoja las palabras que describen mejor a Dalí, y a usted.

joven	feliz	tímido	célebre
pobre	viejo	artístico	extraordinario
excéntrico	extravagante	tradicional	escritor
creador	modesto	hermoso	brillante

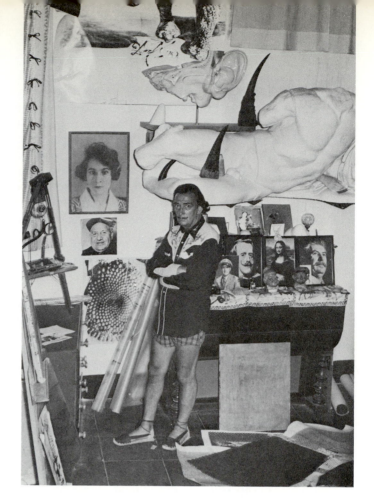

Estructuras

A

Todo interesa *a Dalí*.   →   **Todo *le* interesa.**

1. Todo interesa a su compañera.
2. Nada interesa a mi hermana.
3. Algunas cosas interesan a nuestros vecinos.
4. Muchas cosas interesan a los cubistas.
5. ¿Qué interesa a ese pintor?
6. Esto interesa a mis amigos.
7. Aquello interesa a todos.

B

Él *llega* a Port Lligat.   →   **Él *está llegando* a Port Lligat.**

1. Hablamos con el pintor.
2. Visitamos a Dalí.

3. La agencia francesa le paga bien.
4. Se preocupa mucho.
5. Lleva ropa extravagante.
6. Siempre busca la publicidad.

C

Cambie las oraciones al pretérito.

Lleva un bigote largo. → **Llevó un bigote largo.**

1. Nuestro vecino más famoso llega a Port Lligat.
2. Tiene una nueva excentricidad.
3. Vamos a su casa en la playa.
4. La agencia francesa le paga muy bien.
5. Él no permite las fotos por menos de $10.000.
6. Esta película cuesta una fortuna.
7. Los amigos van a las tertulias de Dalí.

¿Verdadero o Falso?

Corrija la oración si es falsa.

1. Salvador Dalí es un autor famoso.
2. A Dalí le gustan las muchachas feas.
3. Dalí siempre tiene una nueva excentricidad.
4. El arte de Dalí es de estilo clásico.
5. Para Dalí, la vida es un juego.
6. A él no le interesa el dinero.

Preguntas

1. Al llegar a la casa de Dalí, ¿qué vemos?
2. Según Dalí, ¿quién tiene una exclusiva para sus fotos?
3. ¿Quién es Dalí?
4. ¿Qué cosa le preocupa más a él?
5. ¿Qué tipos de arte ha creado Dalí?
6. ¿Cuántos años tenía Dalí cuando se escribió este artículo?
7. Para Dalí, ¿cómo es la vida?
8. ¿Cómo se llama la película que está preparando Dalí?
9. ¿Quién es el personaje central de esta película?
10. ¿Quisiera usted conocer a Dalí? ¿Por qué?

5
El perrito

Cuento

Cuente la historia de este perrito poniendo en orden estas oraciones.

1. Ésta es la historia de un perrito que pasa por un lugar donde hay un hueso.
2. "¡Qué va, ese hueso no es de vaca! —piensa el perrito— Es de caballo."
3. El perrito se acerca al hueso para olerlo.°
4. Vuelve a olerlo, y ahora está triste porque cree que ha encontrado un hueso de vaca.
5. El perrito está feliz. Ha decidido de donde viene el hueso. ¡Es el hueso de un hombre!
6. Lo primero que cree después de olerlo es que es un hueso de pájaro. ¡Qué triste!

Caricatura de *Clarín*
(Buenos Aires)

° usamos la nariz para oler

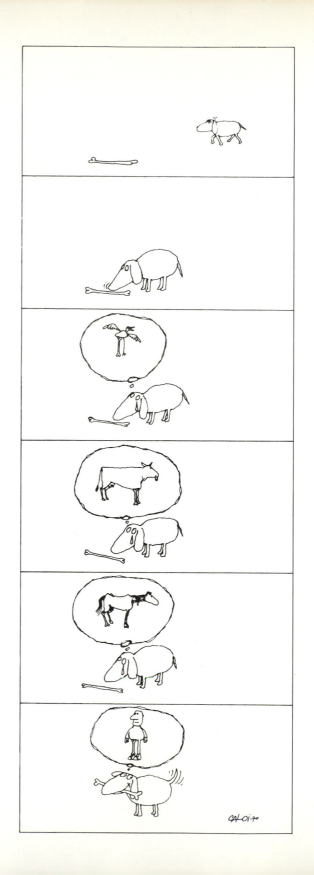

22

Cerámico nazca

6

El arte precolombino

Cuando América era aún tierra desconocida, sus habitantes nativos se expresaban artísticamente con una riqueza y una fantasía que aún hoy nos sorprende.

Las tribus° que habitaban esta tierra antes de la conquista° usaban técnicas particulares e ingeniosas para expresar su maravillosa imaginación. La tribu *nazca* usaba hasta once colores, pero lo curioso es que entre ellos no se encuentra ni el azul ni el verde. Sus figuras son mitológicas o bimórficas (pájaros, peces, insectos, plantas y otras cosas, todas con forma humana). La sensibilidad y la imaginación de esta tribu se ven claramente en su arte, pero no podemos saber cómo eran sus costumbres, porque no aparecen° en sus obras.

Por el contrario, la tribu *mochica*, contemporánea de la tribu nazca, expresó en su arte la vida de cada día con realismo exacto. En sus vasos aparecen escenas de trabajo, de comida y de amor. También reprodujeron las plantas, los animales y las diferentes enfermedades que deforman al hombre.

pueblos, gente indígena

llegada de los españoles

se manifiestan, se ven

23

Cerca de Lima (en el Perú) apareció hace tiempo un grupo de tumbas misteriosas, de hace veinte siglos. Enterraban° a hombres muy altos, cubiertos de joyas,° vestidos lujosos° y armas. Se cree que eran jefes,° pero nadie sabe qué pueblo dirigieron. La región donde se hallaron da muy pocos testimonios de vida humana, exceptuando algunas telas.° Una de estas telas ornamenta hoy el edificio de las Naciones Unidas en Nueva York.

poner en tumbas / joya
ricos / dirigentes; reyes

tela

En las provincias argentinas de Catamarca y La Rioja se encontraron curiosas esculturas anteriores al siglo VII. Extraños tótems de madera,° vasos de cerámica y objetos de bronce con diseños misteriosos son como una pregunta y una respuesta sobre la vida en América antes de la llegada de Cristóbal Colón.

tronco de árbol

Adaptación de un artículo de *Argentina* (Buenos Aires)

Cerámico mochica

Ejercicios

NOTA: Las palabras **nazca** y **mochica** son nombres de forma invariable. Se dice **el arte nazca, los objetos nazca,** etc.

Vocabulario

Halle la expresión apropiada en el texto.

Un país que no ha sido descubierto es tierra _____. →
Un país que no ha sido descubierto es tierra *desconocida*.

1. La gente que es originaria de un país son sus habitantes _____.
2. Las técnicas que sólo una tribu conoce y que las otras no conocen son técnicas _____.
3. El azul y el verde son _____.
4. Las escenas de trabajo, de comida y de amor representan la vida de _____.
5. Los vestidos que cuestan mucho son vestidos _____.
6. El arte precolombino nos informa sobre la vida en América antes de la _____ de Cristóbal Colón.

Estructuras

A

Empiece cada frase con una de las expresiones siguientes.

Lo curioso es que   Lo interesante es que
Lo importante es que   Lo misterioso es que

Sus primitivos habitantes se expresaban artísticamente. →
Lo curioso es que sus primitivos habitantes se expresaban artísticamente.

1. No hay pueblo en la región de las tumbas.
2. Los jefes enterrados en las tumbas son más altos que los hombres contemporáneos.
3. Las esculturas argentinas tienen más de 1.200 años.
4. No se encuentra ni el azul ni el verde en el arte nazca.
5. Se ven muchas figuras mitológicas.
6. Este arte nos da una idea de la vida precolombina.

B

Combine con cada una de las oraciones la expresión de tiempo apropiada. No use la misma expresión más de una vez. Se puede consultar el texto.

anteriores al siglo VII	de hace veinte siglos
cuando era una tierra desconocida	antes de la conquista
antes de la llegada de Cristóbal Colón	contemporánea de la tribu nazca
hace mucho tiempo	hoy

Había artistas en América. →
Había artistas en América cuando era una tierra desconocida.

1. Las tribus precolombinas habitaban esta tierra _____.
2. La tribu nazca existió _____.
3. La tribu mochica era _____.
4. Apareció un grupo de tumbas misteriosas _____.
5. Una tela peruana ornamenta el edificio de las Naciones Unidas _____.
6. En Argentina se ven esculturas misteriosas _____.
7. El arte precolombino se produjo _____.

C

Forme oraciones correctas, utilizando una expresión de cada grupo. Se puede consultar el texto.

En el arte nazca se manifiestan sensibilidad e imaginación.

(a)	(b)
En el arte nazca	se ve(n)
En el arte mochica	se halla(n)
En las tumbas peruanas	se manifiesta(n)
En las esculturas argentinas	se encuentra(n)
	se expresa(n)

(c)	
sensibilidad e imaginación	una pregunta sobre la vida en la América
las costumbres de cada día	precolombina
figuras bimórificas	escenas mitológicas
diseños misteriosos	objetos de madera y de bronce
jefes muy altos	vestidos lujosos
un realismo exacto	once colores
técnicas ingeniosas	artículos fabulosos
una maravillosa imaginación	

Preguntas

1. ¿Cuándo existió el arte precolombino?
2. ¿Cómo se llaman las dos tribus del artículo?
3. ¿Cuál tribu usaba más colores? ¿Cuántos usaba? ¿Qué colores no tenían?
4. ¿Cuáles son unas cualidades del arte nazca?
5. ¿Por qué no podemos saber cómo era la vida de cada día de los nazcas?
6. ¿Es más reciente el arte mochica o el arte nazca?
7. ¿Cómo sabemos las costumbres mochicas?
8. ¿Cuál es la mayor diferencia entre el arte nazca y el arte mochica?
9. ¿Por qué son curiosas las tumbas peruanas?
10. ¿Por qué se cree que los hombres enterrados son jefes?
11. ¿Dónde se encuentra un ejemplo del arte peruano en los Estados Unidos?
12. ¿Cuántos años tienen los tótems argentinos?

Cerámico mochica

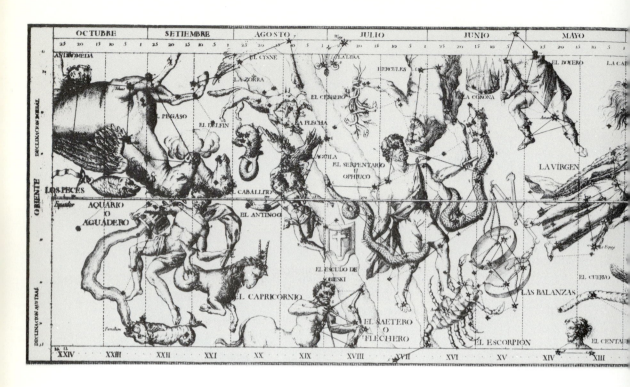

7

Lo que dicen los astros°

estrellas

Creemos desde tiempos remotos que la posición de los astros afecta nuestras vidas. Tal vez es verdad, tal vez no. Lo que es verdad es que muchas personas no hacen planes sin consultar el horóscopo. Por ejemplo, hay jóvenes que deciden casarse° cuando el tiempo es favorable según los

celebrar su matrimonio

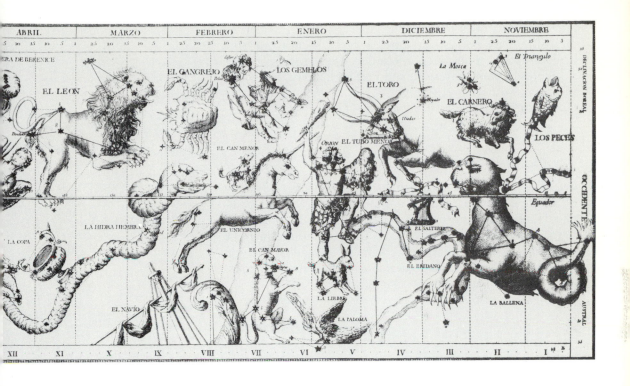

astros. Otros no se casan porque sus signos no son compatibles. En los Estados Unidos hay horóscopos en casi todos los periódicos, y unos cuarenta millones de personas los leen todos los días. Pero, ¿cómo podemos saber si los astrólogos tienen razón? Ni siquiera los escépticos° pueden estar seguros.

Ahora invitamos a los creyentes° y también a los escépticos a leer lo que dicen los astros de ellos (¡y de sus amigos!). Aquí tienen la oportunidad de decidir qué es la astrología: ¿ciencia?, ¿ficción? o ¿ciencia-ficción?

personas que no creen fácil-mente / personas que creen

29

Aries
del 21 de marzo al 20 de abril
Para las personas nacidas bajo este signo no hay obstáculos.
Son jefes naturales para quienes nada es difícil. Saben lo
que quieren y por eso la gente a veces piensa que son
egoistas y agresivos. Tienen el talento necesario para ser
generales o presidentes. Cuando ellos mandan, las cosas
se hacen sin perder el tiempo.
Signos compatibles: Sagitario y Leo.

Tauro
del 21 de abril al 21 de mayo
El signo del toro es muy apropiado para las personas
nacidas bajo su influencia porque son muy fuertes y
tienen energías para todo. Los Tauros comprenden la
necesidad de vivir con orden y son disciplinados. Tal vez
por eso, muchos trabajan para el gobierno. Parecen muy
serios, pero no siempre son así. Saben reír.°
Signos compatibles: Capricornio, Virgo y Cáncer.

reír

Géminis
del 22 de mayo al 21 de junio
Los Géminis son expertos en el arte de las relaciones
humanas. También son muy inteligentes y muy activos.
No les gusta la rutina. Prefieren una vida llena de sorpresas. Sienten la atracción de todo lo que es nuevo o
diferente. Tienen aptitudes para ser inventores, científicos
y magos.°
Signos compatibles: Acuario y Libra.

mago

Cáncer
del 22 de junio al 22 de julio
A los Cáncer les gusta mucho la historia y las cosas viejas.
Cambian de opinión con frecuencia, pero son constantes
en sus emociones. Adoran su casa y a su familia. Ríen o
lloran° facilmente porque son muy sensitivos. Como
tienen mucha imaginación, son buenos para escribir novelas, hablar en público o dar clases de español.
Signos compatibles: Piscis, Escorpión y Tauro.

llorar

Leo

del 23 de julio al 23 de agosto

El león es el signo de las personas nacidas para dirigir el mundo. Pueden llegar a ser grandes figuras políticas, especialmente si son generosos y comprensivos. Pero no cuando son egoístas y arrogantes. Estas características causan problemas en sus relaciones con los demás.°

Signos compatibles: Sagitario y Aries.

los... otras personas

Virgo

del 24 de agosto al 23 de septiembre

Los Virgos piensan y se expresan con claridad. Son cuidadosos, prácticos y responsables. Saben ayudar a los demás y son muy buenos como organizadores, pero frecuentemente prefieren trabajar solos. Les gusta hacer cosas con las manos y tienen talento artístico. Son buenos para la mecánica, la escultura y la música.

Signos compatibles: Capricornio y Tauro.

Libra

del 24 de septiembre al 23 de octubre

El deseo de un Libra es vivir en un mundo de armonía y justicia, donde todo es perfecto. Este es el signo del equilibrio. Por eso, a las personas nacidas bajo su influencia no les gusta hacer nada en exceso. Saben cuando trabajar y cuando divertirse. Nunca son rígidos. Pueden llegar a ser músicos y pintores excelentes.

Signos compatibles: Acuario y Géminis.

Escorpión

del 24 de octubre al 22 de noviembre

Los Escorpiones sienten la necesidad de descubrir los secretos de la vida. Son muy independientes y disciplinados. No expresan fácilmente lo que sienten y por eso tienen la reputación de ser fríos. Muchos trabajan como cirujanos° o agentes secretos porque son buenos para las profesiones que requieren dedicación completa.

Signos compatibles: Cáncer y Piscis.

cirujano

Sagitario

del 23 de noviembre al 21 de diciembre

Las personas nacidas bajo la influencia de Sagitario son muy curiosas e impacientes. Quieren saber todo al momento. Tal vez por eso llegan a ser excelentes periodistas. Y como son rápidos, también son buenos como atletas y jugadores de tenis y otros deportes.

Signos compatibles: Aries y Leo.

Capricornio

del 22 de diciembre al 20 de enero

La ambición domina a los Capricornios. Son muy optimistas y perseverantes. Por eso casi siempre tienen éxito.° **tienen...** triunfan
Generalmente sus ideas son conservadoras y defienden con mucha pasión las instituciones y los valores tradicionales. Tienen el temperamento ideal para ser diplomáticos o banqueros internacionales.

Signos compatibles: Tauro, Virgo y Libra.

Acuario

del 21 de enero al 19 de febrero

Los Acuarios nunca piensan mal de nadie. Creen que todo el mundo es bueno y son muy generosos y comprensivos. A veces tienden a ser demasiado idealistas y no saben cómo ser más prácticos. No les gusta ser convencionales, pero cuando tratan de ser un poco diferentes, la gente piensa que son excéntricos. Como son muy creativos, pueden llegar a ser grandes escritores, compositores o directores de cine.

Signos compatibles: Libra, Géminis y Aries.

Piscis

del 20 de febrero al 20 de marzo

A los Piscis les gusta soñar.° Para ellos el dinero tiene imaginar, crear fantasías
poca importancia. Encuentran satisfacción en las cosas simples y en la vida tranquila. No son ambiciosos ni agresivos. Les gusta ayudar a los demás y hablar de arte. Por eso, son buenos para trabajar en organizaciones culturales o de servicio social.

Signos compatibles: Cáncer, Escorpión y Virgo.

Artículo basado en información obtenida de los astros.

Ejercicios

Definiciones

Un *escéptico* es alguien que no cree fácilmente.

1. Un _____ es alguien que solo está interesado en sí mismo.
2. Un _____ es alguien que hace arte.
3. Un _____ es alguien que escribe artículos.
4. Un _____ es alguien que cree que todo termina bien.
5. Un _____ es alguien que estudia los astros.
6. Un _____ es alguien que cree en algo.

Estructuras

A (los Acuarios; la música)

ESTUDIANTE A: **¿Para qué tienen talento los Acuarios?**
ESTUDIANTE B: **Los Acuarios tienen talento para la música.**

1. (los Tauros; la administración)
2. (los Capricornios; las finanzas)
3. (los Cáncer; la literatura)
4. (los Leos; la política)
5. (los Virgos; la mecánica)
6. (los Libras; la pintura)
7. (los Sagitarios; los deportes)

B (los Acuarios; ser diferentes)

ESTUDIANTE A: **A los Acuarios, ¿qué les gusta?**
ESTUDIANTE B: **Les gusta ser diferentes.**

1. (los Piscis; la vida tranquila)
2. (los Leos; dirigir el mundo)
3. (los Géminis; las sorpresas)
4. (los Cáncer; las cosas viejas)
5. (los Virgos; trabajar solos)
6. (los Tauros; la disciplina)
7. (los Capricornios; defender la tradición)

¿Verdadero o Falso?

Corrija la oración si es falsa.

1. Los Piscis son prácticos.
2. Los Aries son buenos generales.

3. Los Cáncer se interesan en el pasado.
4. Los Virgos son irresponsables y egoistas.
5. Los Libras son excelentes agentes secretos.
6. Se puede decir fácilmente que la astrología es pura ficción.
7. Según el artículo, poca gente se interesa en la astrología.
8. Muchos periódicos de los Estados Unidos publican horóscopos.

Preguntas

1. ¿En cuáles aspectos de la vida tiene importancia la astrología?
2. Si los astros no son favorable, ¿qué pasa con el matrimonio de algunos jóvenes?
3. ¿Dónde se puede leer el horóscopo del día?
4. ¿En qué son similares los siguientes?
    a. los Tauros y los Virgos
    b. los Piscis y los Cáncer
    c. los Libras y los Acuarios
5. ¿En qué son diferentes los siguientes?
    a. los Aries y los Libras
    b. los Sagitarios y los Géminis

Horóscopo

Haga su propio horóscopo, en forma oral o escrita. Escoja las palabras siguientes que describen mejor a usted.

escéptico	frío	franco	elegante
optimista	inteligente	serio	generoso
disciplinado	valiente	nervioso	práctico
sentimental	tranquilo	agresivo	dominante
comprensivo	sensitivo	idealista	cuidadoso
independiente	impaciente	violento	creyente
excéntrico	ambicioso	egoísta	creativo

Puntos de vista

Discuta en forma oral o escrita.

1. Para usted, ¿qué importancia tiene la astrología?
2. ¿Cree usted en el dicho: "Quiero vivir y dejar vivir"?
3. ¿Por qué mucha gente cree en cosas misteriosas como el zodíaco?

8 Descifre sus sueños°

Descifre... entienda las escenas que usted ve cuando duerme

Estimados lectores:
¿Han tenido un sueño que no entienden? Nosotros le daremos una buena interpretación. Manden una descripción de su sueño a esta revista para saber lo que significa.

Soñe que andaba por un lugar que estaba en ruinas. No conocía el lugar. Las personas que estaban allí andaban buscando algo y parecían desorientadas. A lo lejos vi unos árboles que eran conocidos porque estaban cerca de mi casa. De pronto encontré a una de mis hermanas que andaba desorientada y parecía perdida. Yo fui hacia ella, muy contenta de verla, pero ella no reaccionó como yo. Solamente me dijo que tenía que volver a casa para ayudar en los preparativos del matrimonio de nuestro hermano mayor. Yo salí rápidamente hacia la casa y, al llegar, encontré la casa completamente vacía.°

sin personas

D. G. M., CARACAS

INTERPRETACIÓN:
Todo su sueño está relacionado con el matrimonio de su hermano. Parece que su familia, y principalmente usted, no está contenta con este matrimonio. Las ruinas en su sueño parecen estar asociadas con este matrimonio también. Pueden indicar que en su opinión este matrimonio puede tener consecuencias tristes. La casa vacía significa la falta de una persona querida, y por eso usted está triste.

Adaptación de un artículo de *Momento* (Caracas)

Ejercicios

Adjetivos

Halle en el texto el adjetivo apropiado.

1. Una persona _____ no sabe donde está.
2. El hijo que nació primero es el hermano _____.
3. No hay nadie en una casa _____.
4. No salió lentamente, salió _____.
5. Este sueño no es alegre, es _____.

Estructuras

A

Salí rápidamente. No vi a mi hermana. →
Salí rápidamente sin ver a mi hermana.

1. Las mujeres volvieron a casa. No vendieron nada.
2. Mi familia prepara el matrimonio. No saben qué hace mi hermano mayor.
3. Mis hermanas se divirtieron. No pensaban en el futuro.
4. Me casé con la persona que amaba. No encontré consecuencias tristes.
5. Salí de la casa. No cerré la puerta.

B *Transposición*

Cuente o escriba el sueño, cambiando los verbos al presente.

"Sueño que ando por un lugar..."

¿Verdadero o Falso?

Corrija la oración si es falsa.

1. En el sueño la persona encontró a su hermano mayor.
2. Cuando llegó a la casa, la encontró llena de gente.
3. Según la interpretación, la familia está feliz por el matrimonio del hermano mayor.
4. Una casa vacía es un símbolo de alegría.

Preguntas

1. ¿Quién sueña, un hombre o una mujer?
2. ¿Por dónde andaba la persona en el sueño?
3. ¿Por qué eran conocidos los árboles?
4. ¿Cómo fue la reacción de su hermana cuando la encontró?
5. ¿Cómo estaba la casa cuando llegó?
6. ¿Cuál es el motivo verdadero de este sueño?
7. ¿Qué significan las ruinas y la casa vacía en el sueño?

Puntos de vista

Discuta en forma oral o escrita.

1. Es completamente falso atribuir una significación verdadera a los sueños.
2. Las personas que sueñan muy a menudo no tienen la conciencia tranquila.
3. La interpretación de los sueños es un servicio importante que debe ofrecer una revista a sus lectores.
4. Yo también quisiera escribir uno de mis sueños a este experto y saber su interpretación.

9 Conquistando el Iliniza Sur

Javier Ruales sólo tiene doce años y ha escalado uno de los volcanes más espectaculares del Ecuador. Es el chico más joven que ha llegado a la cumbre° del Iliniza Sur. Lo ha hecho sin dificultad, acompañado nada menos que por su mamá. Subieron conmigo y con otro amigo, Carlos Uscátegui. Esta es la narración de nuestro ascenso:

la parte más alta

El refugio° de los Ilinizas es pequeño y esa noche estaba lleno. Había un grupo de trece, otro de cinco, y nosotros cuatro: Carlos, Javier, su mamá y yo. Estábamos casi dormidos cuando escuchamos una voz. Alguien afuera nos estaba hablando:

lugar para descansar en las montañas

—¿Podemos entrar?

Era una voz que no conocíamos. Marta, la mamá de Javier, se levantó y abrió la puerta. Eran las diez y media de la noche.

—Vengo con un grupo de treinta y seis compañeros. Déjenos entrar, por favor.

Entraron y fue como pasar la noche en una lata de sardinas.° Además, no nos dejaron dormir. Comenzaron a contar° chistes y a cantar. Cuando por fin se durmieron eran las cuatro de la mañana.

lata de sardinas
decir

Nosotros nos levantamos una hora más tarde. Comimos algo y tomamos un chocolate caliente. Luego nos fuimos. Queríamos subir con la salida del sol. Llegamos hasta la nieve sin problemas. Era un día maravilloso. La cumbre del Iliniza estaba muy bella bajo un cielo azul con muy pocas nubes.

Lo más difícil de la subida fue una pared casi vertical, de unos cinco metros. Yo la escalé primero. Detrás de mí subió Marta. Le pregunté cómo se sentía y dijo que ya no tenía fuerzas. El tercero en subir fue Javier. Su técnica es excelente, y cuando llegó al lugar donde estábamos Marta y yo, exclamó:

—¡Esa pared ha sido la mejor parte del ascenso!

Subimos en cuatro horas. Yo llegué a la cumbre primero. Después Marta, con una sonrisa enorme. Javier subió casi corriendo, y detrás de él llegó Carlos. Todos estábamos felices y llenos de orgullo,° especialmente por Javier. Estoy seguro que ningún otro chico de su edad ha conquistado esta cumbre, y menos con su mamá.

gran satisfacción

Adaptación de un artículo de *Montaña, Revista de Andinismo* (Quito)

Ejercicios

Antónimos

Dé otra palabra con un significado contrario.

Cuando llegamos el refugio estaba *vacío*. →
Cuando llegamos el refugio estaba *lleno*.

1. Nuestro grupo era el más *grande*.
2. *Adentro* había un grupo de treinta y seis.
3. Todos estábamos *despiertos*.
4. La mamá de Javier *se acostó* primero.
5. Después, Carlos *cerró* la puerta.
6. El chocolate que tomamos estaba *frío*.
7. Para Javier, *la peor* parte fue escalar la pared.
8. *Delante de* nosotros subió Marta.
9. Cuando llegaron a la cumbre todos estaban *tristes*.
10. El más *viejo* del grupo era Javier.

Estructuras

A

(acostarse; Javier, Carlos)

ESTUDIANTE A: **¿Se acostaron al mismo tiempo?**
ESTUDIANTE B: **No. Javier se acostó primero. Carlos se acostó después.**

1. (levantarse; Marta, su hijo)
2. (llegar; nosotros, ellos)
3. (subir; ella, él)
4. (entrar; nuestro grupo, otras personas)
5. (comer; Javier, yo)
6. (cantar; Marta, el otro grupo)

B

(Javier, su mamá; sí)

ESTUDIANTE A: **¿Con quién subió Javier? ¿Con su mamá?**
ESTUDIANTE B: **Sí, subió con ella.**

(Marta, su hermana; no)

ESTUDIANTE A: **¿Con quién subió Marta? ¿Con su hermana?**
ESTUDIANTE B: **No, no subió con ella.**

1. (Javier, su hermano; no)
2. (Javier, unos amigos; sí)
3. (Marta, su hijo; sí)
4. (Marta, unas amigas; no)
5. (Javier, usted; sí)
6. (Carlos, ustedes; sí)
7. (el grupo más grande, usted; no)
8. (usted, Marta; sí)

¿Verdadero o Falso?

Corrija la oración si es falsa.

1. En el refugio había mucha gente.
2. La persona que cuenta esta aventura se llama Carlos Vásquez.

3. Una persona que estaba afuera preguntó si podían entrar.
4. Nadie abrió la puerta.
5. El grupo de treinta y seis comenzó a cantar y a contar chistes.
6. Javier y su grupo se levantaron a las cinco de la mañana.
7. Tomaron café antes de irse.
8. El cielo estaba nublado.
9. Javier escaló la pared primero.
10. Marta estaba cansada después de escalar la pared.
11. Llegaron a la cumbre antes de la salida del sol.
12. Todos estaban muy tristes porque Javier no pudo llegar a la cumbre.

Preguntas

1. ¿Qué edad tiene Javier Ruales?
2. ¿Qué volcán escaló?
3. ¿Con qué miembro de su familia subió?
4. En total, ¿cuántas personas subieron con él?
5. ¿Dónde estaban cuando escucharon una voz desconocida?
6. ¿Qué quería esta persona? ¿Con quiénes venía?
7. ¿Por qué no pudieron dormir Javier y sus compañeros?
8. ¿Por qué se levantaron tan temprano?
9. ¿Cómo estaba la cumbre del volcán ese día?
10. ¿En qué orden escalaron la pared?
11. ¿Quién llegó a la cumbre primero?
12. ¿Cómo se sintieron en la cumbre?

Discusión

1. ¿Cuándo usted era niño(a) jugaba algún deporte con su mamá? ¿Su papá? ¿Recuerda cómo se sentía en esas ocasiones?
2. ¿A quién necesita más un niño? ¿A su padre, a su madre, o a los dos igual? ¿Por qué?
3. ¿Por qué cree usted que el deporte de escalar cumbres se llama alpinismo en Europa y andinismo en la América del Sur?
4. ¿Cuál es el deporte más emocionante para usted? ¿Por qué? Dé por lo menos una razón.

10

Pedro Montoya, el nuevo Bolívar de la televisión

Conozco a Pedro Montoya desde que comenzó. Era un hombre ambicioso, con una voz profunda. Trabajaba en la radio, anunciando discos y diciendo que hora era, muchas veces en el turno° de las doce de la noche a las seis de la mañana. Hasta que un día nos dijo: "Me voy para Bogotá y quiero triunfar. No quiero dinero. Quiero ser alguien en la televisión y hacer cine". Ahora, en la interpretación de un personaje histórico muy difícil, ha demostrado su voluntad.°

periodo de trabajo

determinación

Pedro Montoya se ha hecho famoso como actor por su formidable caracterización del Libertador Simón Bolívar en la serie de televisión *Bolívar, el hombre de las dificultades.* En los 40 episodios de esta serie, Montoya nos ofrece un Simón Bolívar de acción: cruel, romántico, cordial, nervioso y neurótico. Para poder hacer esta interpretación, Montoya tuvo que leer diez biografías de Bolívar, aprender a montar a caballo° y a usar las armas que se usaban entonces. También tuvo que hacer una dieta estricta para tener las medidas° exactas del Libertador.

montar a caballo

dimensiones

El actor que vino de las estaciones de radio ha llegado a triunfar, dándonos algo diferente a lo que esperaba el teleespectador.° Un Bolívar no de libros serios ni novelas baratas, sino un Bolívar real y humano; con defectos, atributos, errores y cualidades. El Bolívar de Montoya es una verdadera representación de una de las figuras más importantes de la historia de la América del Sur.

personas que miran televisión

Adaptación de un artículo de *Vistazo* (Quito)

¿Sabe usted que Simón Bolívar —el héroe representado por el actor Pedro Montoya— es el Jorge Washington de la América del Sur? Bolívar nació en Caracas en 1783. Fue un gran pensador y un genio militar. Su brillante carrera comenzó en 1810, cuando tenía 27 años. Derrotó° a las fuerzas españolas en diferentes partes de los Andes, y esto hizo posible la independencia de cinco repúblicas: Venezuela, Colombia, Ecuador, Perú y Bolivia. Murió en 1830, seis años después de la última batalla. Hoy es admirado en todas partes por su dedicación a la libertad del Nuevo Mundo, sus victorias militares y sus ideales políticos.

hizo perder

BOLÍVAR

45

Ejercicios

Definiciones

(espacios de sesenta minutos)   Trabajaba seis _____ todas las noches.   →
Trabajaba seis *horas* todas las noches.

1. (periodo de trabajo)   Montoya anunciaba discos en el _____ de la noche.
2. (empezó)   Su carrera _____ en la radio.
3. (dólares o pesos, por ejemplo)   No tenía interés en el _____.
4. (tener éxito)   Dijo que esperaba _____.
5. (que tiene fama)   Ahora es un actor _____.
6. (lo contrario de calmado)   Bolívar es un hombre _____ en la interpretación de Montoya.
7. (libros sobre la vida de una persona)   Hay varias _____ de Bolívar.
8. (pistolas, por ejemplo)   Bolívar usaba _____ que no se usan ahora.
9. (personas que miran televisión)   Los _____ no esperaban un Bolívar como el de Montoya.
10. (de precio bajo o calidad inferior)   Su Bolívar no es _____.
11. (naciones)   Bolívar fue el libertador de varias _____.
12. (dejó de vivir) _____ cuando tenía 47 años.

Estructuras

(fue a Bogotá; ser alguien)

ESTUDIANTE A: ¿Por qué fue a Bogotá?
ESTUDIANTE B: Fue a Bogotá para ser alguien.

1. (dejó su trabajo; ir a Bogotá)
2. (leyó esos libros; conocer mejor a Bolívar)
3. (hizo una dieta; tener las medidas de Bolívar)
4. (aprendió cosas nuevas; ofrecernos un Bolívar real)
5. (hizo todo eso; no hacer una interpretación barata)
6. (están ustedes en Bogotá; conocer a Montoya)

¿Verdadero o Falso?

Corrija la oración si es falsa.

1. Pedro Montoya trabajaba en una estación de radio.
2. Era famoso anunciando discos.
3. Un día dijo que esperaba ser rico.
4. Ahora aparece en los programas de televisión.
5. Hace el papel principal en una serie histórica.
6. Su interpretación es la que el público creía que iba a ver.
7. Simón Bolívar nació en Bogotá.
8. Las fuerzas de Bolívar ganaron varias batallas en diferentes partes de los Andes.

Preguntas

1. ¿Qué hacía Pedro Montoya cuando empezó?
2. ¿Cuándo trabajaba?
3. ¿Por qué se fue para Bogotá?
4. ¿Qué tuvo que hacer para poder interpretar a Bolívar?
5. ¿Cómo es su Bolívar?
6. ¿Por qué es Simón Bolívar una gran figura histórica?

Discusión

1. ¿Le gustan las series de televisión sobre personajes históricos? ¿Por qué sí o por qué no? ¿Cuál es la mejor serie de este tipo que ha visto? ¿La peor?
2. ¿Qué problemas presenta la producción de una serie de televisión sobre un personaje histórico? Si usted fuera productor, ¿haría una serie sobre un héroe del pasado? Explique por qué sí o por qué no.
3. Imagínese en el papel de Jorge Washington. ¿Qué tendría usted que aprender para hacer ese papel?
4. ¿Quién es la figura histórica que usted más admira? ¿Qué actor o actriz cree que podría representarla?

Entrevista

Usted es un periodista que tiene un programa de televisión. Ha invitado a un personaje histórico para entrevistarlo. Prepare esta entrevista con un(a) compañero(a).

segundo nivel

11 Estas paredes hablan

Pilsen es el pequeño México de Chicago, un barrio° *sección de una ciudad*
hispánico donde aquí y allá los edificios están cubiertos
por gigantescos murales de colores brillantes. En las calles
de Pilsen hay algo más que autos y gente, pues en los
expresivos murales aparecen retratos° de los indios aztecas *pintura de una persona*
y mayas, de los héroes de la historia de México y de la
gente de hoy.

El mural *Unidos para el progreso* es un ejemplo de
la fuerte influencia precolombina. En esta obra el pintor
Aurelio Díaz usó imágenes de origen azteca para expresar
los problemas de los hispanos de hoy. Alrededor de las
figuras de dos estudiantes hay símbolos tradicionales,
como el que representa a una serpiente dentro de una
casa. Este es un símbolo de la sabiduría° india. *todo lo que se sabe*

Los murales se dirigen a la gente del barrio y han
sido pintados por artistas y jóvenes que viven allí. En la
creación de *Hay cultura en nuestra comunidad* tomaron
parte cuarenta jóvenes que estudiaron la historia y el arte
de México antes de comenzar a pintar.

La obra más discutida de los muralistas de Pilsen es
A la esperanza,° un mural monumental que está en la *confianza en que todo será*
escuela Benito Juárez. Los adolescentes que estudian allí *mejor*

pasan delante de este mural todos los días, cuando llegan y salen de su escuela. Según explica Manuel Ortega y Alberro, uno de sus creadores, el mural es como un poema. Sus imágenes representan episodios de la experiencia chicana, comenzando con una escena en la frontera° entre México y los Estados Unidos.

borde entre países

A la esperanza es un mural dedicado a los estudiantes, y las escenas más significativas para ellos son aquéllas que representan pandillas callejeras,° como la del ''Hombre metálico''. Esta figura es la favorita de los estudiantes. Representa a un hombre, pintado en colores metálicos, que es todo violencia y destrucción y que no siente nada. Entre esta figura inhumana y el retrato del gran patriota mexicano Benito Juárez hay un gran contraste. Juárez aparece como un hombre joven, fuerte y orgulloso. Sirve de inspiración para los estudiantes de esta escuela: Juárez, como ellos, era de familia pobre.

adolescentes delincuentes

Los muralistas de Pilsen han creado un arte popular que expresa el pasado y el presente de su cultura méxicano-americana. Con sus mensajes en las paredes están ayudando a mejorar el barrio.

Adaptación de un artículo de *Américas* (Washington, D.C.)

Ejercicios

Definiciones

A

Un artista que pinta es un _____. →
Un artista que pinta es un *pintor*.

1. La sección llamada Pilsen es un _____ de la ciudad de Chicago.
2. Una pintura sobre una pared es un _____.
3. Una pintura que representa a una persona es un _____.
4. La línea donde un país comienza y otro termina es la _____.

B

que es tan grande como un gigante: _____ → **gigantesco**

1. que tiene brillo: _____
2. que es anterior al descubrimiento de América: _____
3. que siente gran satisfacción: _____
4. que no tiene dinero: _____

Estructuras

(el mural de Díaz)

ESTUDIANTE A: **¿Te gusta el mural de Díaz?**
ESTUDIANTE B: **Sí, es mi favorito.**

1. (el símbolo de la serpiente)
2. (la escena en la frontera)
3. (la figura del "Hombre metálico")
4. (el retrato de Benito Juárez)
5. (los colores brillantes)
6. (los barrios étnicos)
7. (las imágenes de origen azteca)
8. (las ciudades como Chicago)

¿Verdadero o Falso?

Corrija la oración si es falsa.

1. Pilsen es un barrio de México.
2. En los murales aparecen los indios y los héroes de México.
3. Las imágenes del mural de Aurelio Díaz son de origen azteca.
4. Los murales fueron pintados por artistas precolombinos.
5. En la escuela Benito Juárez hay un mural muy expresivo que está dedicado a los estudiantes.
6. Ese mural representa escenas de cómo va a ser la vida en el año 2000.
7. Las representaciones de las pandillas callejeras son incomprensibles para los estudiantes.
8. Benito Juárez es uno de los héroes representados en los murales.

Preguntas

1. ¿Qué tienen algunos edificios de Pilsen?
2. ¿Cómo se llama el mural de Aurelio Díaz?
3. ¿Para qué sirven las imágenes de origen azteca usadas por él?
4. ¿Qué simboliza la imagen de la serpiente dentro de una casa?
5. ¿Dónde viven los artistas y jóvenes que han pintado los murales?
6. ¿Quiénes pasan delante del mural *A la esperanza* todo el tiempo?
7. ¿Cuál es la figura que más les gusta a los estudiantes?
8. ¿Qué representa esta figura?
9. ¿Cómo aparece Benito Juárez?

Comentarios

1. ¿Hay murales donde usted vive o en alguna ciudad que usted conoce? Si los hay, ¿qué puede decir sobre ellos?
2. ¿Cree usted que es necesario decorar una comunidad con obras de arte? ¿Por qué sí o por qué no? ¿Qué importancia pueden tener esas obras para los residentes de la comunidad?

12
Los grandes casos del inspector Begonias

Busque la solución a esta historieta-enigma.

si... si no me dice la verdad

▶LA SOLUCIÓN
EN LA PÁGINA 58

¿CUÁL ES LA MENTIRA?

Los mentirosos deben evitar cualquier encuentro con el inspector Begonias. Si no, deben leer nuestro artículo siete, "Lo que dicen los astros", antes de responder.

Adaptación de un juego de *Gente* (Buenos Aires)

Ejercicios

Crucigrama

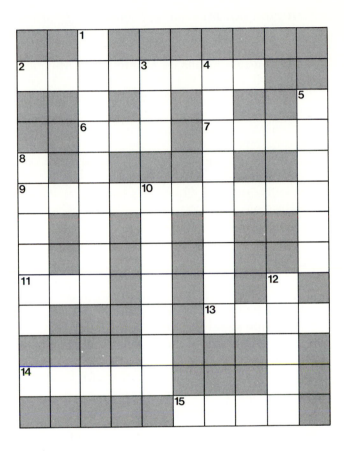

▶ la solución en la página 58

Horizontal

2. Encantado de haberlo _____.
6. Se pone mantequilla en el _____.
7. Edificio donde se ve una película
9. Principio de la vida
11. El Caribe, por ejemplo
13. El número de años que tiene una persona
14. Sinónimo de *está:* Usted _____ arrestado.
15. El contrario de *ésa*

Vertical

1. Agente de la policía
3. El contrario de *sin*
4. El último mes del año
5. Modo de hacer algo
8. Misterio
10. Algo que no es verdad
12. *Hace,* en el imperfecto

Estructuras

Usted es inspector y está interrogando a un muchacho mentiroso. Cada vez que responde, usted corrige su respuesta, siguiendo el modelo.

MUCHACHO: **Mi signo es Sagitario.   (Capricornio)**
INSPECTOR: **¡Mentira! ¡Su signo no es Sagitario sino *Capricornio*!**

1. MUCHACHO: Estaba en Montevideo.   (Buenos Aires)
    INSPECTOR:
2. MUCHACHO: Tengo veinte años.   (diecinueve)
    INSPECTOR:
3. MUCHACHO: Fui al cine a ver "Prisionero del mar".   ("Casablanca")
    INSPECTOR:
4. MUCHACHO: Tengo novia.   (esposa)
    INSPECTOR:
5. MUCHACHO: Leí "Rosaura a las diez."   ("Cien años de soledad")
    INSPECTOR:

Preguntas

1. El inspector tiene un método de interrogatorio muy simple. ¿Cuál es?
2. El muchacho fue al cine. ¿Qué película vio?
3. ¿Bajo qué signo del zodíaco nació el muchacho?
4. ¿Es culpable o inocente el muchacho?
5. ¿Cuál es la mentira?
6. ¿Conoce bien el zodíaco el inspector Begonias?

▶ **Solución para la historieta-enigma, página 56**

El muchacho nació el veinticuatro de diciembre.
¡Su signo no es Sagitario, sino Capricornio!

▶ **Solución para el crucigrama, página 57**

13
La pesca como deporte

¿Ha luchado usted alguna vez con un pez que es tan grande que tiene la capacidad de arrastrar° a una persona por el agua durante dieciocho horas sin parar° ni cansarse? ¿Ha tenido usted alguna vez la oportunidad de pescar tal pez? Es probable que no.

    Hay en el mar un pez que puede luchar así. Se llama sábalo,° y es de una familia de peces prehistóricos que tenían la forma de torpedo. Hoy tiene la misma forma que tenía hace millones de años.

tirar

sin... sin interrupción

sábalo

59

El sábalo puede llegar a ser muy grande. Un sábalo capturado en la Florida en 1912 pesaba unos 160 kilos.° Por eso y por su capacidad de luchar hasta dieciocho horas sin cansarse y algunas veces escapándose, es el pez más deseado por los pescadores deportivos del mundo.

160... 352 libras

Hay muchos cuentos sobre este monstruo prehistórico, pero basta con presentar aquí uno relatado por Antonio Adem, Presidente del Club de Pesca Tuxpan. Un día él y su hermano José fueron a buscar sábalos en el Golfo de México. Antonio nos relata lo que pasó:

—Sabíamos que con un poco de suerte íbamos a ver unos sábalos. Las horas de la mañana pasaban rápidamente mientras navegábamos por el Golfo. Por un largo rato no vimos nada, pero, de repente° oí los gritos de uno de mis compañeros. Él podía ver muchos sábalos que venían del sur hacia el norte detrás de la lancha.° La emoción era grande, pero era necesario tener calma...

de... de pronto

lancha

Así relataba Antonio el episodio. Dijo que los peces siguieron la lancha por una hora. Durante ese tiempo llegaron otras lanchas hasta que llegaron a ser quince. Navegaban en perfecta formación: "¡Era un hermoso espectáculo!".

—Estábamos preocupados.° Estábamos cerca del limite de la zona de pesca y todavía no pescábamos ni un solo sábalo. Pronto íbamos a tener que dejar nuestra aventura.

opuesto de tranquilo

—De repente, vimos que uno de los otros pescadores pescó algo. ¡Era un sábalo! Al ver eso, todos nos pusimos alegres. ¡Había esperanza! ¡Los sábalos empezaban a comer! Las cañas de pescar° estaban listas.

cañas de pescar

—Por fin llegó nuestra oportunidad. Un sábalo mordió el anzuelo,° y la lucha comenzó. El sábalo saltó del agua una, dos y hasta cinco veces, pero no podía escaparse. No podía hacer nada más que defenderse. Así pasamos una hora, dos horas y más. El pez seguía la lancha con el anzuelo todavía en la boca.

mordió el anzuelo

—Empecé a pensar en cuentos de otros pescadores. Me contaron historias de algunas luchas que duraron ocho horas y otras dieciocho. Cuando me

dijeron esto, no lo creía. Pero ahora pensaba que me iba a ocurrir lo mismo.

—Pasó otra media hora; por fin, mi adversario comenzó a cansarse. Llegó el momento de terminar la lucha. El pez saltó por última vez y me bañó completamente. Por fin, mi hermano y yo lo pusimos en la lancha y empezamos nuestro viaje triunfal hacia el Club de Pesca. Una vez allí, encontramos que nuestro sábalo pesaba unos 75 kilos. Así ganamos el primer premio; regalos, trofeos y una hermosa lancha que hoy guardamos como recuerdo de un día de triunfo frente al pez valiente.

Adaptación de un artículo de *Mañana* (México)

Ejercicios

Familia de palabras

Dé el sustantivo que corresponde a cada uno de los verbos siguientes.

pescar → la pesca

1. luchar
2. contar
3. gritar

4. calmar
5. viajar
6. esperar

7. limitar
8. formar
9. aventurar

Definiciones

Un pez muy deseado por los pescadores es *el sábalo*.

1. Los que pescan más por satisfacción que por comida son pescadores _____.
2. Defenderse con energía es _____.
3. Lo que relatan los pescadores después de una lucha con un pez es _____.
4. Un tipo de barca es _____.
5. Lo que tienen en las manos los pescadores para coger peces es _____.
6. Otra palabra para *comenzar* es _____.

Estructuras

A

ESTUDIANTE A: **Pescaron un sábalo más grande.**
ESTUDIANTE B: **De veras, ¿han pescado uno más grande?**

1. Encontraron un pez más fuerte.
2. Pescaron un pez más valiente.
3. Contaron una historia más interesante.
4. Ganaron un trofeo más grande.
5. Compraron una lancha más hermosa.

B

ESTUDIANTE A: **Hay muchos cuentos sobre estos monstruos. (presentar uno)**
ESTUDIANTE B: **Sí, pero basta con presentar uno.**

1. Hay muchos peces en el mar.   (pescar sábalos)
2. Hay muchos premios para ganar.   (ganar uno)
3. Hay muchos sábalos que vienen detrás de la lancha.   (pescar uno solo)
4. Hay muchas lanchas para comprar.   (comprar la más hermosa)
5. Hay muchas historias de luchas con sábalos.   (contar una)

C

ESTUDIANTE A: **¿Esperaban a los sábalos?**
ESTUDIANTE B: **Sí, no podían hacer nada más que esperar a los sábalos.**

1. ¿Seguían los sábalos?
2. ¿Empezaron su viaje sin él?
3. ¿Dejó su aventura?
4. ¿Lucharon durante muchas horas?
5. Por fin, ¿abandonaron la lucha?

D

Los peces siguieron la lancha. Navegaban en perfecta formación.   →
Los peces, que navegaban en perfecta formación, siguieron la lancha.

1. Este pez puede luchar por la vida durante muchas horas. Se llama sábalo.
2. El sábalo existe hoy día en la misma forma que tenía hace muchos años. Es un pez valiente.
3. Los sábalos presentaron un hermoso espectáculo. Venían hacia el norte.
4. Mi adversario saltó por última vez. Comenzó a cansarse.
5. El pez seguía la lancha. Tenía el anzuelo en la boca.

¿Verdadero o Falso?

Corrija la oración si es falsa.

1. El sábalo existe hoy día en forma diferente de la que tenía hace millones de años.
2. Un sábalo tiene la forma de un torpedo.
3. Hay sábalos en el golfo de México cerca de la Florida.
4. Después de algunos minutos, un sábalo mordiendo el anzuelo se cansa y no se defiende más.
5. No se escapa nunca un sábalo de un pescador deportivo.
6. No sabemos mucho sobre este monstruo prehistórico.
7. Al principio, por un largo rato, los pescadores de este cuento no se encontraron con nada.
8. Los sábalos pasaron el límite de la zona de pesca antes de morder el anzuelo.

9. Parece que la lucha entre Antonio y el sábalo no duró más de tres horas.
10. El pez que pescaron Antonio y su hermano fue el más grande de todos.

Preguntas

1. ¿Por qué es el sábalo el pez más deseado por los pescadores deportivos del mundo?
2. ¿Quién relata el cuento?
3. ¿Dónde estaban los pescadores del cuento?
4. ¿Cuándo encontraron los sábalos?
5. ¿Quién vio primero los peces?
6. ¿En qué dirección venían?
7. ¿Por qué llegaron otras lanchas?
8. ¿Durante cuánto tiempo siguieron los sábalos la lancha?
9. ¿Por qué estaban preocupados los pescadores?
10. ¿Qué les faltaba esperar?
11. ¿Durante cuánto tiempo luchó Antonio contra el pez?
12. ¿Qué pasó cuando el sábalo saltó por última vez?
13. ¿Cuánto pesaba el pez de los hermanos?
14. ¿Por qué estaban tan contentos con este pez? ¿Qué ganaron?

Puntos de vista

Discuta en forma oral o escrita.

1. ¿Ha tenido usted alguna vez la oportunidad de pescar un pez muy grande?
2. ¿Piensa usted que la pesca de sábalos debería ser prohibida o no?
3. ¿Hay una diferencia importante entre los deportes en que se juega para ganar (tenis, golf) y aquéllos en que se juega para matar (corrida de toros, pesca deportiva)?

14
Una chicana

Hace pocos años Rosa Isela Mendoza trabajaba bajo el sol caliente de Texas recogiendo zanahorias° a veinte centavos la hora. Ella había tenido que abandonar la escuela donde estudiaba el octavo grado porque sus padres no tenían recursos° para comprarle zapatos y ropa con que asistir° a la escuela.

Rosa Isela apenas hablaba inglés y tenía muy pocas esperanzas de poder abandonar el campo donde ella y

zanahorias

dinero / ir

otros diez miembros de su familia se ganaban la vida trabajando la tierra.

Sin embargo, este año, Rosa Isela Mendoza se vio de pronto sobre una caja de madera detrás de un atril° durante un banquete en el Hotel Sheraton-Park en Washington. Parada° sobre la caja, Rosa, que mide cuatro pies y diez pulgadas de estatura° y pesa noventa y seis libras, pudo ser vista por los asistentes al acto en el que el Secretario de Trabajo le hizo entrega de una Placa de Honor al ser instalada en el Salón de la Fama de los Cuerpos de Trabajo.

Rosa fue seleccionada entre 500 mil jóvenes entrenados por los Cuerpos de Trabajo durante los últimos diez años. "Los Cuerpos de Trabajo", dijo Rosa, "nos han dado una oportunidad para poder alcanzar nuestras aspiraciones y también de poder servir a nuestro país de adopción."

Rosa ha servido a su país de adopción como una especialista de finanzas en la base de la Fuerza Aérea en Nellis, Nevada durante dos años.

Ella nació hace veintitrés años en la ciudad de Reinosa, en el estado mexicano de Tamaulipas. En 1966 ella y su familia emigraron a Pharr, Texas, donde ella asistió a la escuela para aprender inglés. En 1971 fue enviada a un Job Corps Center en McKinney, Texas. Un año después,

atril

de pie

que...

4'10"

ella se graduó de la escuela superior e ingresó en un programa de entrenamiento.

Actualmente no piensa seguir trabajando como una experta en finanzas. Ella está asistiendo a la Universidad de Las Vegas con la esperanza de que algún día será enfermera en la Fuerza Aérea y podrá ayudar a otras personas.

"Quiero ayudar a mis hermanos mexicano-americanos para demostrar que si ellos se lo proponen, pueden abandonar el campo. Todo lo que necesitan", afirma Rosa, "es la aspiración de superarse y la voluntad para alcanzar sus objetivos... paso a paso."

Adaptación de un artículo de *El Diario-La Prensa* (Nueva York)

Ejercicios

Vocabulario

Trate de llenar los espacios, de memoria, con palabras que han aparecido en el texto.

Este año, Rosa Isela Mendoza se vio de pronto _____ una caja _____ madera, detras de un _____ durante un banquete. Parada sobre la _____, Rosa, que mide cuatro _____ y diez _____ de estatura y _____ noventa y seis _____, pudo _____ vista por los _____ al acto en el que el Secretario de Trabajo le hizo _____ de una Placa de Honor.

Estructuras

A

Trabajaba bajo el sol. *Recogía* zanahorias. →
Trabajaba bajo el sol, *recogiendo* zanahorias.

1. Estaba en el campo. Ganaba veinte centavos por hora.
2. Se encontraba en un gran hotel. Recibía una Placa de Honor.
3. Servía a su país de adopción. Trabajaba en una base de la Fuerza Aérea.
4. Estudiaba una nueva carrera. Asistía a una escuela de enfermeras.
5. Quería ayudar a otros mexicano-americanos. Demostraba que es posible abandonar el campo.

B

> **Pensaba que nunca *abandonaría* el campo.** →
> **Tenía muy pocas esperanzas de *poder abandonar* el campo.**

1. Pensaba que nunca ganaría más dinero.
2. Pensaba que nunca aprendería a hablar inglés.
3. Pensaba que nunca asistiría a una universidad.
4. Pensaba que nunca serviría a su país de adopción.
5. Pensaba que nunca alcanzaría una vida mejor.

Preguntas

1. ¿Por qué abandonó Rosa la escuela cuando estudiaba el octavo grado?
2. ¿Dónde trabajaban Rosa y su familia?
3. ¿Por qué no esperaba Rosa conseguir un buen empleo?
4. ¿Por qué asistió Rosa al banquete en el Hotel Sheraton-Park?
5. ¿Qué hacen los Cuerpos de Trabajo para los jóvenes como Rosa?
6. ¿Cómo ha servido Rosa a su país de adopción?
7. ¿Qué quiere Rosa llegar a ser algún día?
8. Según Rosa, ¿qué es necesario si los chicanos quieren mejorarse?

Discurso

Haga, en forma oral o escrita, el discurso en que Rosa da las gracias por la Placa de Honor.

15 Cocina: dos recetas

1. Bananas con jamón

2. Guacamole

1. Bananas con jamón

Pele seis bananas grandes. Envuélvalas° con jamón cocido.
Bata dos huevos con media taza de crema, cuatro onzas
de queso rallado° y media taza de leche.

Arregle las bananas envueltas en una cacerola y báñelas
con el batido.

Póngalas en un horno° moderado por veinte minutos y
sírvalas.

¡Qué rico!

poner alrededor

queso rallado

horno

Adaptación de un artículo de *Siete Días Ilustrados* (Buenos Aires)

2. Guacamole

aguacates

Nuestra segunda receta se puede hacer fácilmente en la clase... si es posible obtener aguacates.°

Ingredientes:
4 aguacates maduros, pero no demasiado
1 cebolla° grande
    (o una cucharadita° de jugo de cebolla)
1 tomate
1 huevo duro
jugo de 1 limón
2 cucharadas° de queso blanco rallado
sal y pimienta

cebolla

cucharadita

cucharada

Preparación:

Pele los aguacates. Con una cuchara de madera (¡si no es de madera, los aguacates se pondrán negros!), convierta los aguacates en puré. Añada la cebolla picada,° el tomate picado, el jugo de limón, y sazónelo con sal y pimienta. Mézclelo. Póngalo en otro recipiente más atractivo, ponga por encima el huevo duro picado y el queso blanco rallado, y ¡ya está listo para servir!

cebolla picada

Adaptación de una receta de *Temas* (Nueva York)

Después de comer los aguacates, use las semillas para obtener plantas hermosas. Primero, ponga la semilla al sol por tres días. Después póngala en agua hasta cubrirla parcialmente. Cuando tenga ocho pulgadas de altura, pásela a la tierra.

Ejercicios

Imperativos

A

Dé el imperativo de los verbos siguientes.

poner → **¡ponga!**

1. pelar
2. envolver
3. batir
4. arreglar
5. bañar
6. añadir
7. hacer
8. mezclar
9. servir

B

Siguiendo el modelo, escriba el imperativo de los mismos verbos.

poner → **¡póngalas!**

Cocina (ejercicio de comprensión auditiva)

A

Mientras el profesor le da las instrucciones para preparar bananas con jamón, haga el gesto apropiado que indica su comprensión. Mire ahora al profesor.

El profesor dice:
1. Pele las bananas.
2. Envuélvalas con el jamón.
3. Bata los huevos.
4. Prepare el queso rallado.
5. Arregle las bananas en una cacerola.
6. Báñelas con el batido.
7. Póngalas en el horno.
8. Sírvalas a sus invitados.

B

Repita el ejercicio con parejas de estudiantes. Uno da las instrucciones (de memoria), el otro hace el gesto apropiado.

Proyectos individuales

Varios estudiantes aceptan demostrar aspectos de la cocina hispánica. Se puede preparar así hasta una comida completa para la clase. Y ¡buen provecho!

16

Un mexicano cada 15 segundos

Cada minuto nacen cuatro mexicanos. En otras palabras, uno cada quince segundos. Mientras usted lee este artículo, nacerán varios. Y más de la tercera parte de los mexicanos nacidos en el campo abandonarán su lugar de origen y emigrarán a las ciudades.

Son números interesantes, que dicen mucho acerca de° lo que está ocurriendo en México. Los números se refieren a dos fenómenos que están cambiando el país: uno es la explosión demográfica y el otro, la urbanización. Son dos fenómenos que deforman poco a poco a México y que pueden causar una crisis de grandes proporciones.

Ahora México tiene una población aproximada de setenta millones. Si los planes del gobierno para controlar la explosión demográfica se realizan, en el año 2000 el país tendrá 109 millones de habitantes. Pero si no, —y los mexicanos insisten en poblar generosamente este planeta— México tendrá la fabulosa cantidad de 131 millones de personas. La situación no es prometedora para el futuro de este país donde, según el último censo, casi el 45 por ciento de la población tiene menos de catorce años de edad.

En México también se observa uno de los procesos de urbanización más intensos de nuestro planeta. El país, antes rural, es ahora urbano. Para el año 2000, ocho de cada diez mexicanos vivirán en ciudades. Los mexicanos están emigrando del campo a la ciudad a una velocidad extraordinaria. La ciudad de México recibe mil inmigrantes diarios° y no está preparada para aceptarlos adecuadamente. Los inmigrantes establecen grandes áreas de miseria.

¿Por qué abandona la gente el campo? Tal vez influye la televisión, pero la razón principal es que en el campo

acerca... sobre

todos los días

no hay desarrollo° económico. La mayor parte de las   progreso
actividades productivas están en la ciudad de México y
en otras, como Monterrey y Guadalajara. El gobierno tiene
planes y proyectos para desconcentrar los centros urbanos
más saturados. Pero estos no avanzan. Una cosa es planear
y otra es hacer. Antes del año 2000 hay que construir el
equivalente a otro México para el doble de mexicanos
que hay ahora.

Adaptación de un artículo de Revista de Revistas (México)

Ejercicios

Sinónimos

Dé otra palabra con un significado equivalente.

Muchas personas *se irán de* las áreas rurales. →
Muchas personas *abandonarán* las áreas rurales.

1. Lo que está *pasando* en México necesita solución.
2. *La nación* no puede continuar así.
3. Esos problemas pueden *dar origen a* una crisis muy seria.
4. *Aproximadamente* el 45 por ciento de la población tiene 14 años o menos.
5. También *se nota* que la gente está congestionando las ciudades.
6. Las imágenes urbanas que la televisión presenta *posiblemente* son muy atractivas para los habitantes del campo.
7. La causa *más importante* del movimiento hacia las ciudades es la falta de oportunidades de trabajo en el campo.
8. Esa es *la causa* fundamental.
9. Hay *progreso* en las ciudades pero no en el campo.

Estructuras

Muchos mexicanos *emigran* a las ciudades. →
Muchos mexicanos *emigrarán* a las ciudades.

1. El país *es* diferente.
2. *Tiene* una población de más de cien millones.
3. Muchos mexicanos *viven* en ciudades.

4. La ciudad de México *recibe* a muchos inmigrantes.
5. El gobierno *controla* la situación.
6. Las autoridades *insisten* en descongestionar los centros urbanos.
7. El exceso de población *hace* la vida difícil.
8. La gente joven *necesita* tener oportunidades de trabajo.

¿Verdadero o Falso?

Corrija la oración si es falsa.

1. Cada cuarto de hora nace un mexicano.
2. Muchos mexicanos que nacen en el campo lo dejan en favor de la ciudad.
3. México está cambiando como consecuencia de la explosión demográfica y la urbanización.
4. Más de la mitad de la población tiene menos de 14 años.
5. La gente se va del campo porque quiere mirar televisión.
6. Los problemas demográficos han desaparecido gracias a los proyectos del gobierno.

Preguntas

1. ¿Cuáles son los fenómenos que pueden causar una crisis muy seria en México?
2. ¿Cuántos habitantes va a tener el país en el año 2000 sin el control del gobierno?
3. ¿Por qué México ya no es un país rural?
4. ¿Por qué atraen las ciudades?
5. ¿Qué está tratando de hacer el gobierno?
6. ¿Cuántos mexicanos cree usted que están naciendo mientras usted y sus compañeros contestan estas preguntas?

Puntos de vista

1. ¿Qué otros países tienen los mismos problemas que México, o es este país un caso único?
2. En su opinión, ¿qué necesita hacer una ciudad como México para poder absorber a una población que está creciendo muy rápidamente?
3. ¿Cuáles son algunos de los problemas causados por la explosión demográfica?
4. ¿Cree usted que un gobierno debe tomar parte en el control de la población? ¿Por qué sí o por qué no?
5. Diga si prefiere vivir en la ciudad o en el campo y explique por qué.

17

La otra cara del humor

El humor tiene dos caras. A veces nos hace reír, pero otras veces nos hace llorar: nos damos cuenta de que quienes nos hacen reír son víctimas de una situación que en realidad no es nada divertida.

El Mundo de Juan Pablo Avendaño

Ahora tienes
una ocasión estupenda
para dejar de fumar.

Ejercicios

Preguntas

1. Si el sueño del puerco llega ser real, ¿qué le va a pasar?
2. ¿Por qué la señora le dice al pobre hombre que ahora puede dejar de fumar?
3. ¿Tiene talento el pintor? ¿Por qué sí o por qué no?

18
¿Son normales o no?

Son personas con deficiencias mentales o físicas, y por eso decimos que no son "normales". Sin embargo, trabajan, sueñan y aman, como las personas que están en perfectas condiciones.

—El deficiente en un trabajo adecuado a sus posibilidades físicas y mentales puede hacer tanto como un trabajador normal, o aún más. Mi experiencia aquí, en "Promi", demuestra que lo que digo es cierto.

Hablamos con el doctor Pérez Marín, presidente del centro "Promi" (Promoción de Minusvalidos°). Él nos cuenta como nació la idea de un centro como éste, donde viven y trabajan casi doscientos minusvalidos.

personas con impedimentos físicos o mentales

—Todo comenzó con un estudio que no se refería a los subnormales. Estábamos estudiando las necesidades de vivienda° y entonces descubrimos cómo vivían ellos, algunos hasta peor que animales... Una tragedia más grave que la que estábamos estudiando.

lugares para vivir

—Luego —continúa el doctor Pérez Marín—, llegamos a algunas conclusiones sobre la mejor forma de ayudar al deficiente: hay que tratarlo como tratamos a cualquier otra persona. Tenemos que escuchar lo que tiene que decir para saber que es lo que quiere y no obligarlo a vivir como nosotros queremos. La mejor forma de ayudarlo es ofreciéndole ser parte integral del lugar donde vive.

—Doctor Pérez Marín, ¿qué ofrece el centro para ellos?

—Diferentes opciones para sentirse útiles según sus posibilidades y preferencias. Aquí comparten su vida y trabajo. Tienen salarios idénticos a los que reciben operarios° no deficientes que están en la misma categoría profesional. Tengo que decir que de estos salarios se les descuentan sus propios gastos de residencia y transporte.

trabajadores que usan máquinas

—¿Es rentable° la operación de "Promi"?

Es... produce dinero

—Tiene que serlo, porque si no, sería imposible hacer todo lo que hacemos, y el futuro del centro estaría en

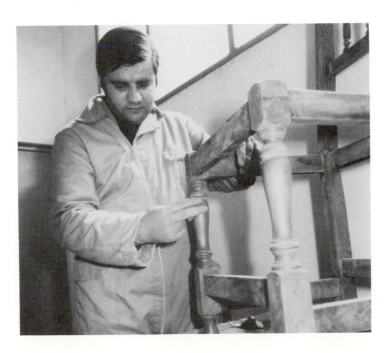

peligro. En estos momentos tenemos una rentabilidad de más de doce millones de pesetas° por mes, y muy pronto será de veinte.

doce... mas o menos $120.000

En "Promi" hemos visto que cuando el minusvalido recibe cariño° y comprensión, en un ambiente que para él no es hostil, funciona con una normalidad casi total. "Promi" nos ha enseñado que ellos valen mucho si los tratamos como seres humanos sin impedimentos.

afecto, amor

Adaptación de un artículo de *Interviú* (Barcelona)

Ejercicios

Familia de palabras

¿Qué sustantivo, o sustantivos, se derivan de cada verbo?

trabajar → **el trabajo, el (la) trabajador(a)**

1. estudiar
2. ayudar
3. vivir
4. gastar
5. residir
6. preferir
7. operar
8. comprender
9. transportar

Estructuras

La tragedia que estudiaron más fue la *tragedia* de los minusvalidos. →
La tragedia que estudiaron más fue *la* de los minusvalidos.

1. La atención que ellos requieren es la atención que ofrece "Promi".
2. La vida que es más favorable es la vida que encuentran allí.
3. El ambiente que más los ayuda es el ambiente que no es hóstil.
4. El dinero que gastan es el dinero que reciben como salario.
5. Las necesidades que ellos tienen son las necesidades que todos tenemos.
6. Las ideas que dan mejor resultado son las ideas que tiene el Dr. Pérez Marín.
7. Los impedimentos que tienen son los impedimentos que hay que ignorar.
8. Los trabajos que pueden hacer son los trabajos que están adecuados a sus posibilidades.

Preguntas

1. ¿Qué es "Promi"?
2. ¿Quién es su presidente?
3. ¿Cómo tenemos que tratar al deficiente para ayudarlo?
4. ¿Hay que hacerlo vivir como nosotros queremos?
5. ¿Por qué se sienten útiles en "Promi"?
6. ¿Cuánto gana en "Promi" un operario?
7. ¿Está el centro en peligro de desaparecer por falta de dinero?
8. ¿Por qué razones los subnormales actuan como seres normales en "Promi"?

Puntos de vista

1. ¿Cree usted que los subnormales deben vivir con su familia o en centros especiales para ellos? ¿Por qué?
2. ¿Ha trabajado usted en una organización o compañía donde también trabajan subnormales? ¿Qué problemas puede causar esto para ellos, la compañía y el resto de los trabajadores?
3. ¿Deben los subnormales tratar de hacer según sus posibilidades todo lo que hacen las personas en perfectas condiciones, como por ejemplo, jugar básquetbol o tener hijos? ¿Qué trabajos y actividades considera usted que son adecuados para ellos?

19 El escultor de la naturaleza

José Suárez es el auténtico campesino mexicano: tez morena°, sombrero campero y ropa humilde,° y de pocas palabras. Nunca ha salido de su pueblo en el estado de Querétero, en el centro de la república, y no conoce las tendencias del arte moderno. Pero tiene una pasión, la naturaleza, y con ella pasa sus horas, sus días, sus años, realizando° un trabajo poco común, entre el arte y la técnica. Es el "escultor de la naturaleza".

    La Hacienda de Jurica tiene hermosos jardines que don José cuida, pero su arte no se limita sólo a eso. También planta árboles y arbustos° que vigila° con amor. Cuando han alcanzado la altura necesaria, comienza a

tez... piel oscura / pobre

haciendo

arbustos / cuida

87

cortar cuidadosamente cada rama,° a nivelar o desnivelar, a redondear,° hasta alcanzar la forma deseada. Realiza esculturas de gran variedad: el escudo nacional,° un campesino sentado en un burro, una divertida pareja de monos jugando...

Don José, joven a sus casi sesenta años, piensa sus esculturas lentamente. No tiene prisa nunca, pues no vive al ritmo de la ciudad moderna. Lo más difícil para él es encontrar la forma que corresponde al carácter y estructura de cada árbol o arbusto. Pero él los conoce bien, después de muchos años, viéndolos crecer día a día, cuidandolos, quizás incluso hablando con ellos.

El trabajo de don José más que un arte es una meditación sobre la naturaleza. Parece que ha comprendido algo que muchos no entienden: que no se puede hacer una distinción entre el arte y la vida de todos los días.

rama
poner redondo
escudo nacional

Adaptación de un artículo de *Tiempo* (México)

Ejercicios

Familia de palabras

campo: **Don José es el auténtico *campesino* mexicano.**

1. campo: Don José lleva un sombrero _____.
2. natural: Es el escultor de la _____.
3. alto: Los corta cuando han alcanzado la _____ necesaria.
4. cuidado: Corta cada rama _____.
5. divertir: Ha hecho una _____ pareja de monos jugando.
6. meditar: Su trabajo es una _____ sobre la naturaleza.
7. distinguir: No puede hacer una _____ entre el arte y la vida.

Sinónimos

Su ropa es *pobre*. → **Su ropa es *humilde*.**

1. Don José tiene los cabellos negros y *la piel oscura*.
2. Es un hombre *que no habla mucho*.
3. Ya ha *hecho* muchas esculturas.
4. Corta los árboles cuando han *llegado a* la altura necesaria.
5. Corta cuidadosamente hasta alcanzar la forma *que quiere*.

Estructuras

(tratar a los árboles; con amor)

ESTUDIANTE A: **¿Cómo trata don José a los árboles?**
ESTUDIANTE B: **Los trata con amor.**

1. (cortar las ramas; artísticamente)
2. (plantar cada arbusto; cuidadosamente)
3. (realizar cada escultura; lentamente)
4. (pasar sus días; trabajando en los jardines de Jurica)
5. (conservar su tranquilidad; viviendo sin prisa)
6. (hacer su trabajo; con mucha paciencia)

Preguntas

1. ¿Qué clase de hombre es José Suárez?
2. ¿Dónde pasa su vida?
3. ¿Por qué le llaman el "escultor de la naturaleza"?
4. ¿Qué emplea José Suárez en vez del material tradicional del escultor?
5. ¿Qué forma toman sus obras?
6. ¿Cómo encuentra don José la mejor forma para cada árbol y arbusto?
7. ¿Conoce bien el arte contemporáneo don José?

Dibujo *(ejercicio de comprensión auditiva)*

Haga el retrato de don José bajo la dirección de su maestro, que le da paso a paso las instrucciones siguientes: "Dibujen la forma de don José, de frente o de perfil... en su cabeza lleva un sombrero campesino... tiene en la mano una pala°... a su derecha hay un árbol... a la izquierda, un arbusto... su perro está con él".

pala

20
"Adiós, Argentina"

—Me gradué de arquitecto hace seis años. Trabajé por algún tiempo, pero ahora no tengo empleo. La misma historia desde hace cuatro meses: 'Lo llamaremos si hay trabajo'. Yo estudié mucho. Hice una inversión de° tiempo y dinero en mi carrera. No tengo por qué estar así. Hace unos días me presenté en una oficina del gobierno que necesitaba arquitectos. ¿Sabe cuántos se presentaron? 180. Todo esto cansa. Llega un momento en que uno no quiere más. Lo único que quiere es irse. Creo que en Canadá voy a estar bien. Si no es Canadá, será otro país. (Norberto G. Villalonga, 26 años)

Hice... gasté

Todos los que quieren irse dicen más o menos lo mismo. En la embajada de Canadá se presentan unas 250 personas todos los días. Son personas jóvenes, entre 25 y 35 años de edad. El vicecónsul canadiense las describe así: "Viene gente de todo tipo, incluyendo profesionales de todas las disciplinas. Cada persona es evaluada por un sistema de puntos según su ocupación, si tiene o no parientes° en Canadá, su experiencia profesional, su conocimiento de la lengua, etcétera. Creo que este éxodo está relacionada al problema del desempleo".°

personas de la misma familia

el estar sin trabajo

Se dice que casi dos millones de argentinos han estado visitando muchas embajadas en los últimos meses. Las más buscadas son las de los Estados Unidos, el Canadá, España y Australia. Todas estas personas piensan en una sola cosa: emigrar. Moisés Margulis, presidente del Comité de Estímulo a los Universitarios Argentinos en el Exterior,° explica por qué: "Creo que el motivo fundamental es el problema económico, la falta de oportunidades para desarrollarse". Muchos se van con la idea de que van a vivir mejor; otros, sin saber lo que van a encontrar:

fuera del país

—Yo me voy a Australia. Mi hermano que es carpintero se fue hace cuatro años. No ha estado sin trabajo y ya tiene casa. (Juan Carlos Suárez, 35 años, mecánico)

—Ahora trabajo, pero un salario de tres millones de pesos no es suficiente para alquilar° un apartamento. Me quiero casar y no puedo. ¿Cine? Sólo dos veces por mes. No puedo especializarme porque los cursos son muy caros. No hay otra solución. Hay que irse. (Daniel J. Moreno, 26 años, arquitecto)

pagar una renta

El deseo de muchos es irse a los Estados Unidos, un sueño imposible en la mayoría de los casos. Un representante de la embajada norteamericana dijo que ellos no reciben solicitudes de residencia sin tener primero un contrato de trabajo en los Estados Unidos. Este país asigna a Latinoamérica una cuota anual de 110 mil inmigrantes sin incluir refugiados políticos. Los profesionales tienen *prioridad uno* junto con sus familiares directos.

La mayoría de los profesionales y estudiantes que se quieren ir están de acuerdo con lo que dice Adriana Fortella, estudiante de medicina de 24 años:

—Nos hemos preparado para una sociedad que no existe. Pasamos veinte años de nuestra vida preparándonos, y ahora, tenemos que colgar° el diploma en nuestro cuarto porque no podemos aplicar todo lo que aprendimos.

poner en la pared

Aunque no hay lugar para tantos especialistas, la producción de abogados,° médicos, psicólogos y otros profesionales no para. De 1976 a 1980 se graduaron de la Universidad de Buenos Aires más de 12 mil médicos y más de 13 mil abogados. "Este exceso de profesionales que no pueden trabajar en su profesión termina frustrado y hace les maletas",° dice el sociólogo Alberto Bonis.
Sin embargo, no todos están de acuerdo.

especialistas en leyes

hacer las maletas

—Es un momento difícil para el país. La situación es mala para todos. Personalmente creo que no me iría. Conozco arquitectos argentinos que se fueron a los Estados Unidos y terminaron trabajando en una estación de gasolina. (Roberto Antolini, 28 años, estudiante de arquitectura)

—Nunca he pensado en irme del país. Creo que es necesario mejorar los salarios y las condiciones de trabajo. Hay que quedarse en el país y luchar. (María Victoria Fesquet, 21 años, estudiante de medicina)

Adaptación de un artículo de Somos (Buenos Aires)

Ejercicios

Vocabulario

Trate de llenar los espacios, de memoria, con palabras apropiadas que han aparecido en el texto.

1. Un profesional que dirige la construcción de casas y edificios es un _____.
2. Tener trabajo es lo mismo que tener _____.
3. Las _____ de los países que tienen relaciones diplomáticas con los Estados Unidos están en Washington, D.C.
4. Estar fuera del país es estar en el _____.
5. Cuando uno no tiene algo que necesita, uno siente la _____ de esa cosa.
6. Si hoy estamos mejor que antes es porque hemos podido _____.
7. El dinero que recibe un trabajador por sus servicios es su _____.
8. Cuando un estudiante de medicina termina sus estudios se gradua de _____.
9. Lo opuesto de irse es _____.
10. Combatir es lo mismo que _____.

Estructuras

Soy estudiante de arquitectura. →
Era estudiante de arquitectura.

1. Me *quiero* ir del país.
2. No *sé* cómo *es* la vida en otras partes del mundo.
3. Sin embargo, *creo* que en el extranjero *voy* a estar bien.
4. *Pienso* que en Australia, por ejemplo, uno *vive* mejor.
5. Aquí *estoy* frustrado porque no *encuentro* trabajo.
6. No *puedo* casarme porque no *tengo* dinero.
7. Para mí no *hay* otra solución; *es* necesario emigrar.

Preguntas

1. ¿Cuánto tiempo hace que Norberto Villalonga busca empleo?
2. Según él, ¿qué es lo que cansa?
3. ¿Cómo evalúa la embajada de Canadá a los jóvenes que quieren irse a vivir a ese país?
4. ¿Qué es lo que quieren los dos millones de argentinos que han estado visitando las embajadas?
5. ¿Cuál es el motivo del éxodo, según Moisés Margulis?
6. ¿Quién tiene un hermano en Australia?
7. ¿Por qué no se puede casar Daniel Moreno?
8. ¿Cuál es el sueño imposible de muchos?
9. ¿Qué tienen que tener primero los profesionales que quieren residir en Estados Unidos?
10. Según Adriana Fortella, ¿encuentran los profesionales la oportunidad de trabajar en su profesión?
11. ¿Por qué no tiene necesidad de más médicos y abogados la Argentina?
12. Según María Victoria Fesquet, ¿qué es lo que hay que hacer?

Puntos de vista

1. ¿Los problemas a que se refiere el artículo existen sólo en la Argentina o también en otros países? ¿En dónde, por ejemplo?
2. ¿Cree usted que los Estados Unidos deben limitar la entrada de inmigrantes al país? ¿Por qué sí o por qué no?
3. ¿Cuáles son algunas de las razones por las cuales una persona se va a vivir a otro país, además de la falta de oportunidades de trabajo?
4. ¿Cuáles son algunas de las dificultades que encuentra una persona que emigra a un país que no conoce?
5. ¿Ha pensado alguna vez en emigrar a otro país? ¿Cuáles son las razones por las cuales usted se iría de los Estados Unidos?

Tercer nivel

21
El feminismo de la mujer chilena

Este artículo es el resultado de una serie de entrevistas°   conversaciones
hechas por la periodista Marisol Vial Reyes para descubrir
como es en realidad la mujer chilena. Su artículo contiene
una interesante discusión entre hombres y mujeres sobre
el tema de la mujer.

¿Independiente o dependiente?

Si, como dicen algunos, la mujer chilena es una persona muy independiente, lo que la ha hecho ser así es la historia del país. En varias ocasiones ella ha tenido que estar a la cabeza de su familia, sin la compañía del esposo, quien ha tenido que ir a la guerra durante mucho tiempo.

La mujer chilena ha tenido que estar en un rol tradicionalmente reservado para el hombre, y tal vez por eso el sociólogo Pablo Huneeus insiste en que las chilenas son mujeres fuertes, muy seguras de sí mismas y super-dominantes. "La sociedad chilena —dice Huneeus— siempre se ha caracterizado por la presencia de mujeres cuya actitud de combate intimida a los hombres. En reuniones de trabajo, por ejemplo, siempre son ellas las que adoptan la posición más firme. En la universidad las alumnas son más abiertas y decisivas para hacer preguntas".

La independencia femenina, en la opinión de otro entrevistado, Jaime Caledón, se debe a° la evolución de la mujer. Ellas han dejado de ser convencionales y no le dan importancia a las cosas que pueden decir o pensar otras personas. Miran la vida con menos prejuicios° y con mayor libertad.

Patricio Bañados está casado con una señora de Holanda, y para él la mujer chilena tiende a ser más liberal que la europea. "La mujer chilena —afirma Bañados— es abierta, tolerante, y tiene muy pocos prejuicios".

se... es consecuencia de

opiniones preconcebidas

Familia y trabajo

Casi la cuarta parte de la fuerza laboral chilena consiste de mujeres. Este número es alto comparado con el resto de la América Latina. En Chile todas las puertas profesionales están abiertas para la mujer. Las estadísticas indican, por ejemplo, que más de 7.000 mujeres son gerentes, directoras o administradoras. Casi 139.000 trabajan como vendedoras y unas 128.000 están empleadas en áreas profesionales, técnicas y especializadas.

Para muchas mujeres, ser madre y ser trabajadora es un problema serio. En Chile, la mujer tiene que educar a los hijos prácticamente sola. Hay estudios que demuestran que la contribución de los esposos en este sentido es casi nula. Muchas encuentran la solución de su problema en los centros infantiles,° pero la socióloga Luz María Álvarez no está de acuerdo con esta solución: "La formación de un niño no se la puede dar a un jardín infantil. El afecto° no se institucionaliza".

centros... lugares para cuidar a niños

cariño, amor

Jorge Jiménez y Margarita Gili expresan la misma opinión en su estudio, *Maternidad y trabajo: ¿opciones discordantes?* Ellos no recomiendan el uso del centro infantil como una casa para el niño. Las consecuencias dañinas° en él pueden ser mayores que las ventajas económicas o psicológicas del trabajo. "Es preferible y más barato darle a la madre la oportunidad de estar en casa durante el primer año de vida del niño que crear centros para sustituirla".

que hacen daño

Para Jiménez y Gili es vital educar al hombre en actividades que han sido dejadas tradicionalmente a la mujer, como es la educación de los niños. Por otra parte, la socióloga Álvarez opina que hay que reconocer que la dueña de casa es un miembro activo de la sociedad a quién hay que darle los beneficios de una trabajadora.

Algunos países europeos comienzan a darle un nuevo valor al trabajo del hogar,° pagando salarios a la madre que se queda en casa ciudando a sus hijos durante los primeros años. En estos países parece que es más barato hacer eso que tener que reeducar a los hijos más tarde en centros especiales por problemas que tienen su origen en una infancia insegura.

casa

¿Militancia o necesidad?

Por muchas razones, hay mujeres que ellas solas son las proveedoras y directoras de la familia. En algunos casos esto pasa porque muere el esposo; otras veces, porque no tiene trabajo o es irresponsable. Según estudios sociológicos, hay mujeres a la cabeza de su familia en todas las clases sociales, aunque su número es mayor entre las familias más pobres.

En general, los expertos dicen que la mujer sabe lo que quiere y tiene como objetivo muy importante el bienestar de su familia. Muchas de las mujeres entrevistadas han explicado que trabajan por necesidad económica y no por interés en competir con el hombre. Lo que las hace trabajar no es el deseo de demostrar que son feministas, sino el deseo de ayudar a su familia. Ellas se expresan así: "Además de pensar en nosotras mismas,

pensamos en la pareja, en los hijos y en el resto de nuestra gente''. Ellas quieren ser parte activa de una sociedad que cada vez exige° más de sus miembros.

    Según las entrevistadas, la mayoría de las chilenas no están a favor de un feminismo militante. Ellas no se sienten superior al hombre. Dicen que ''la realidad chilena no indica eso. Nos estamos desarrollando con el hombre y no contra el hombre''. Hay cientos de estudiantes de ingeniería, medicina o biología que no se sienten discriminadas por limpiar la casa, ser madres y esposas, y menos aún, ser mujeres.

demanda

Adaptación de un artículo de *Qué pasa* (Santiago)

Ejercicios

Familia de palabras

Complete las oraciones con el adjetivo o sustantivo que se deriva de cada una de las palabras dadas.

interés: Lo que dicen los entrevistados es _____. →
Lo que dicen los entrevistados es *interesante*.

1. independencia: ¿Son o no son _____ las chilenas?
2. dominación: Según Huneeus, ellas son muy _____.
3. fuerza: También dice que son _____.
4. presente: En una familia, la _____ del hombre es tan necesaria como la de la mujer.
5. opinar: Según la _____ de algunos hombres, la mujer chilena no es convencional.
6. importante: Jiménez y Gili hablan de la _____ de la mujer como madre.
7. abrir: En todas las áreas profesionales la mujer encuentra las puertas _____.
8. vender: Muchas mujeres trabajan en compañías comerciales como _____.
9. contribuir: Cuando la mujer trabaja es casi siempre porque su familia necesita la _____ económica de ella.
10. educar: Los esposos casi no toman parte en la _____ de los hijos.
11. usar: El _____ del centro infantil como hogar no es conveniente para el niño.
12. preferir: Cuando los niños son pequeños, para ellos es _____ estar con su madre.
13. social: La mujer que trabaja en casa es un miembro activo de la _____.
14. necesario: La mujer no siente la _____ de competir con el hombre.
15. desear: El _____ de las chilenas no es dominar al hombre.
16. superioridad: Ellas no se sienten _____ a él.

Estructuras

(tener interés en competir con el hombre)

ESTUDIANTE A: **No tenemos interés en competir con el hombre.**
ESTUDIANTE B: **Dicen que no tienen interés en competir con el hombre.**

1. (pensar en el bienestar propio solamente)
2. (demostrar ser indiferentes)

3. (poder tener la misma fuerza física que ellos)
4. (pedir más que el hombre, sino lo mismo)
5. (encontrar satisfacción en una vida convencional)
6. (preferir ser ni dominantes ni dominadas)
7. (sentirse discriminadas)
8. (querer seguir sin ser miembros activos de la sociedad)

Preguntas

1. ¿Qué es lo que ha hecho independiente a la mujer chilena?
2. ¿Quién dice que ella es combativa?
3. Según Caledón y Bañados, ¿son las chilenas convencionales o liberales?
4. ¿Diría usted que en Chile las mujeres casi no tienen oportunidades para trabajar?
5. ¿Ayudan a educar a sus hijos los esposos?
6. ¿Qué hacen con sus hijos muchas madres que trabajan?
7. Según Jiménez y Gili, ¿debe una madre trabajar durante el primer año de vida de su hijo?
8. ¿En qué actividades debe aprender a participar el hombre?
9. Según la socióloga Álvarez, ¿quién debe recibir los beneficios de una trabajadora?
10. En algunos países europeos, ¿qué reciben las madres que se quedan en casa cuidando a sus hijos?
11. ¿Por qué razones hay mujeres que están a la cabeza de su familia?
12. ¿Por qué razón trabajan muchas mujeres?
13. ¿Profesionalmente, la mujer quiere desarrollarse más, igual o menos que el hombre?

Puntos de vista

1. ¿Cree usted que en los Estados Unidos la mujer trata de competir con el hombre? ¿Trabaja por necesidad económica o por ambición profesional?
2. ¿Es compatible o incompatible ser madre y tener una carrera al mismo tiempo? ¿Está usted de acuerdo con quienes dicen que para los niños es mejor estar en casa con su madre que en un centro infantil?
3. ¿Cómo se ven afectadas las vidas profesionales de la mujer y el hombre cuando tienen hijos? ¿Es el efecto igual o diferente? ¿Cómo cree usted que debería ser?
4. Según usted, ¿debe tener un salario la mujer que se queda en casa para cuidar a los hijos? ¿Por qué sí o por qué no? Si está a favor de esta idea, ¿quién debe pagar ese salario? ¿El gobierno? ¿El esposo? ¿El hijo cuando sea mayor?
5. ¿Debe el hombre participar en las actividades del hogar que convencionalmente dependen de la mujer? ¿Debe participar siempre? ¿A veces? ¿Nunca? Explique su opinión.
6. ¿Debería ser la palabra *feminismo* del género femenino? ¿Por qué no lo es?

22

¿Por qué huyen° los adolescentes de sus casas?

Salen; escapan

Si uno habla con los estudiantes en la Universidad de Barcelona, ve que hay una idea que muchos tienen en común: quieren escaparse de sus casas. Las razones son muchas. Dice uno: "Mis padres no me entienden". Otro: "No tienen la menor idea de lo que me gusta". Otro: "Es absurdo decir que estamos unidos y que nos queremos. Me escaparé este verano".

Casi todos los días en los periódicos de Madrid o Barcelona se pueden leer anuncios como éste: "Ha desaparecido de la casa de sus padres el chico de dieciséis años, X. Y. Lleva pantalones y suéter azules. Es alto y robusto. Si puede identificar al muchacho por esta foto, llame por teléfono a sus padres".

En el pasado, esto ocurría poco, y además era siempre en serio.° El adolescente iba a otro país, a otra ciudad, se hacía un hombre, y cuando tenía una posición, una mujer, y a veces hijos, volvía a la casa de sus padres feliz de haber hecho estas cosas "por sus propios medios".

Pero ahora hay una diferencia fundamental. Hoy día,° los adolescentes no quieren escaparse a otro país ni a otra ciudad. El objetivo es vivir en la misma ciudad de sus padres, pero en otro apartamento. El año pasado la mayoría de los jóvenes alemanes que entraron en la Universidad de Berlín tenían su residencia aparte de sus padres, aunque en la misma ciudad.

Antes, los muchachos que huían eran de familias pobres y huían porque no tenían en casa las cosas necesarias. Pero ahora los que huyen son de familias burguesas donde tienen todo lo necesario y más.

Entonces, ¿por qué huyen?

No podemos aceptar la explicación de que quieren hacer fortuna por sus propios medios. Muchos no tienen el menor interés en la sociedad materialista. Dice uno: "No entiendo como uno tiene la capacidad de escoger voluntariamente la sociedad burguesa".

Estos muchachos apenas tienen un sentido de responsabilidad. Y los objetivos tampoco están nada claros. Están claros los medios —la huída,° la independencia, la vida sincera— y están claras las causas —el desengaño° por la hipocresía de la vida burguesa. Pero no están claros los objetivos.

en... de carácter grave; sin frivolidad

Hoy... ahora

el acto de huir
la pérdida de ilusiones

¿Qué conclusiones podemos formar de esta situación? Hay que tomar en consideración unas características generales de los *teen-agers* de hoy y unas implicaciones de su filosofía.

En España hay más de tres millones de personas que son *teen-agers*. Podemos fijar el límite de *teen* entre los trece y los dieciséis años. Es durante estos años que las personas empiezan a darse cuenta de que existen como parte integral de la sociedad. Y si no cree usted que son una parte integral, dé usted una vuelta° por cualquier ciudad española cualquier domingo por la tarde, y verá que las calles están casi completamente llenas de su presencia. Sus características más evidentes son su vitalidad y el ruido de sus voces altas. Además, los *teen* no van nunca solos, sino en grupo. Cuando uno de ellos sale del grupo, pierde la mitad de estas características y pasa a ser un adolescente normal que podría ser igualmente

dé... salga de paseo

de este siglo o del pasado. Porque el factor del tiempo es muy importante en el análisis de esta situación. Hablamos de gente que no sólo se encuentra en una edad de transición, sino en una época de transición. Además de las características que tienen en común con los adolescentes de todos los tiempos, los *teen-agers* de hoy tienen un sentido ideológico que no tenían los de otras épocas. Cuando se rebelan, dicen que van a vivir sin el conformismo y la monotonía de una sociedad basada en el materialismo, y que van a seguir una filosofía de espontaneidad y creatividad. Pero hay una nota falsa en su actitud, y esto es su concepto de la sinceridad. En nombre de la sinceridad, muchas veces los *teen* se olvidan de la conciencia tradicional para hacer una moralidad propia. Y esto puede ser crítico porque en la mayoría de los casos, esta pretensión de sinceridad rompe los límites que existen entre lo bueno y lo malo.

Adaptación de un artículo de *Meridiano* (Barcelona)

Ejercicios

Definiciones

Querer demasiado las cosas es ser *materialista*.

1. Escaparse de casa es _____.
2. El contrario de aparecer es _____.
3. El contrario de "en broma" es _____.
4. Uno que hace una cosa sin ayuda lo hace por sus _____ medios.
5. Cuando uno tiene un _____ es porque la realidad no es lo que uno pensaba.
6. Vamos a _____ quiere decir que vamos a salir de paseo.

Estructuras

A

Responda negativamente a las preguntas siguientes.

¿Están claros los objetivos? → **No, los objetivos no están nada claros.**

1. ¿Está clara la historia?
2. ¿Están claros los medios?
3. ¿Están claras las causas?
4. ¿Están claras las razones?
5. ¿Está claro el sentido del artículo?
6. ¿Están claros los límites de la categoría *teen*?
7. ¿Están claras las características de los *teen*?
8. ¿Está claro el análisis?

B

La mayoría de los que huyen no son criminales. La policía *lo sabe*. →
La policía *se da cuenta de que* la mayoría de los que huyen no son criminales.

1. La sociedad burguesa no es sincera. Los adolescentes lo saben.
2. Existen como una parte de la sociedad. Los adolescentes empiezan a comprenderlo.
3. Los muchachos de dieciocho años quieren irse. Los padres lo comprenden.

4. Serán descubiertos y obligados a regresar a casa. Antes de huir, la mayoría de los escapados lo saben.
5. Terminarán probablemente como sus padres. Muchos de los que huyen lo saben.

Preguntas

1. ¿Qué idea tienen en común muchos estudiantes españoles?
2. ¿Qué razones dan para esto?
3. En el pasado, ¿cuál era el principal motivo que tenían los adolescentes para huir?
4. ¿Qué diferencia hay entre los adolescentes que huían antes y los de hoy día?
5. ¿Quieren vivir en casa los que huyen?
6. ¿Son la mayoría de ellos de familias pobres como en el pasado?
7. ¿Por qué huyen?
8. ¿Cuáles son los medios?
9. ¿Cuáles son sus objetivos?
10. ¿Cuántos adolescentes hay en España?

11. ¿De qué se dan cuenta entre los trece y los dieciséis años de edad?
12. ¿Cuáles son sus características cuando están en grupo?
13. ¿Por qué es el tiempo un factor importante en el análisis de esta situación?
14. ¿Qué ideología tienen los adolescentes que se rebelan?
15. ¿Qué clase de filosofía intentan seguir?
16. Según el artículo, ¿cuál es la nota falsa de este concepto?

Situaciones

1. Presente en forma oral o escrita las situaciones siguientes:
    a. Un adolescente explica a su amigo(a) como va a huir de casa.
    b. La policía ha hallado a un(a) escapado(a). Un policía llama por teléfono a sus padres, les dice que tiene a su hijo(a), explica como lo ha hallado y luego le pasa el teléfono al (a la) chico(a).
2. Escriba una carta a sus padres para explicarles por qué usted ha huido y bajo cuales condiciones regresaría.

23
Los héroes olvidados

faro

Los que mantienen vivos los 826 faros° y señales luminosas de Chile son una raza especial: los fareros. Son hombres que voluntariamente han pedido el exilio. Pueden ser viejos o jóvenes, casados o solteros. Lo que tienen en común, además de sus estudios navales, es el gusto por la soledad.

En cada lugar hay entre cuatro y seis fareros; mantienen en buen estado el faro, hacen observaciones meteorológicas... y juegan *ping-pong*. Caminan alrededor del faro, y entre las visitas de los barcos que cada tres o cuatro meses llevan provisiones, conversan con las gaviotas.°

gaviota

Poca gente puede competir con ellos en el arte de los crucigramas. Viviendo en regiones desiertas donde la velocidad de los vientos es tal que a veces se llevan alguna oveja, la vida de estos cuidadores de faros es una auténtica aventura.

Muchas veces junto a estos héroes hay heroínas, las mujeres de los fareros. Y para evitar complicaciones, los fareros se agrupan en solteros y casados. Las esposas llevan consigo a los niños chicos y hacen lo mismo que cualquier otra ama de casa. Lo distinto es el espacio físico, bastante más reducido, y la vida social, también muy reducida. No hay tiendas llenas de tentaciones, y los gastos de peluquería° se reducen apreciablemente.

peluquería

Gracias a los faros, Chile tiene un nuevo record mundial. Tenemos el faro de más difícil acceso del mundo: Los Evangelistas, construido sobre un precipicio a sesenta metros sobre el nivel del mar.

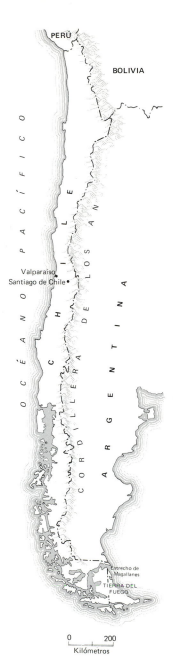

Adaptación de un artículo de *Ercilla* (Santiago de Chile)

Ejercicios

Definiciones

Una señal luminosa para dirigir a los navegantes: *faro*.

1. Condición: Los fareros mantienen en buen _____ el faro.
2. Que pertenece al tiempo: Los fareros hacen observaciones _____.
3. Vehículo para navegar sobre el agua: Una lancha es un tipo de _____.
4. Un juego que consiste en formar palabras cruzando letras: En las revistas y diarios hay _____.
5. Cerca de: Las mujeres prefieren vivir _____ sus maridos.
6. Establecimiento donde se venden varias cosas: _____.

Familia de palabras

Dé el sustantivo que corresponde a cada uno de los adjetivos siguientes.

solo → la soledad

1. especial
2. voluntario
3. veloz
4. social
5. útil

Estructuras

A

Llevo conmigo a mis niños. ¿Y los fareros? →
También los fareros llevan consigo a sus niños.

1. ¿Y las mujeres?
2. ¿Y este señor?
3. ¿Y nosotros?
4. ¿Y las familias numerosas?
5. ¿Y los demás fareros?

B

La profesión de farero es más solitaria que *todas las otras* profesiones. →
La profesión de farero es más solitaria que *cualquier otra* profesión.

1. El farero tiene más talento para el arte de los crucigramas que todas las otras personas.
2. La vida social de los fareros es más reducida que la de otras familias.
3. Las esposas de los fareros hacen lo mismo que todas las otras mujeres.
4. Las esposas de los fareros tienen menos tentaciones que todas las otras mujeres.
5. Los héroes olvidados de Chile trabajan en faros más peligrosos que todos los otros faros.

Preguntas

1. ¿En qué consiste el trabajo de los fareros?
2. ¿Qué prefieren todos los fareros?

3. ¿Por qué se dice que los fareros de Chile son una "raza especial"?
4. ¿Cuántos fareros se necesitan para mantener vivo un faro?
5. ¿Cómo se divierten los fareros cuando no se ocupan del faro?
6. ¿En cuál arte son expertos?
7. ¿Cómo sabemos que a veces hace mucho viento donde están los faros?
8. ¿De qué se ocupan las mujeres en los faros?
9. ¿Cómo es distinta la vida en los faros de la vida normal?
10. ¿Cuál es el nuevo record mundial que tiene Chile?

Puntos de vista

Discuta en forma oral o escrita.

1. Los fareros viven en una sociedad donde no hay tiendas ni supermercados ni cines. ¿Cree usted que una persona que prefiere una vida tan solitaria sea necesariamente excéntrica?
2. Muchas personas se quejan de que hoy día se pierde la individualidad en el mundo tecnológico. Estas personas buscan un mundo que no sea tan tumultuoso, una vida sencilla, natural y tranquila, como la del farero. ¿Cuál es su preferencia personal?

24
La muerte de García Lorca

¿Por qué razón mataron al escritor español Federico García Lorca? Tal vez pensaron que nadie volvería a escuchar su voz. Pero no fue así. Hoy día seguimos hablando de él, vamos al teatro a ver sus dramas, leemos sus poemas. Tanto en el mundo de habla española° como en los Estados Unidos, su obra sigue excitando a miles. No es fácil ignorarla, porque Lorca fue uno de los grandes dramaturgos° de nuestro siglo.

    En realidad no se puede aislar° la muerte del escritor de la Guerra Civil Española que comenzó en julio de 1936. Lorca era amigo de socialistas, colaborador de revistas satíricas que indignaban a los elementos conservadores. García Lorca escribió obras de teatro con un claro contenido social, que reflejaban la vida y angustias de la parte más desheredada° de la sociedad española: la campesina. En 1931 creo "La Barraca", un grupo de teatro, para dar a conocer el teatro clásico popular. Su propósito° era elevar el nivel cultural del pueblo español. Actuaban° en las pequeñas ciudades, en los pueblos, entre los campesinos y los obreros.

    Durante la Guerra Civil Española murieron un millón de personas. Lorca murió fusilado,° cerca de su ciudad natal de Granada, un mes después de haber comenzado la guerra. Corrían diferentes versiones sobre ello. Para unos las causas eran las envidias tradicionales en toda sociedad provinciana. Para otros era el odio° entre el poeta y la guardia civil con motivo de los versos que escribió sobre ella en el *Romancero gitano*.

    En el aniversario de su muerte, la revista *Temas* le dedicó este recuerdo:

de... que habla español

autor de obras de teatro
separar

pobre

intención
daban representaciones

matado con armas de fuego

contrario de amor

116

García Lorca es España. España se refleja en Lorca. Hay una unión muy íntima entre el hombre y su tierra, una tierra violenta, impregnada de tradiciones complejas.

El poeta está inmerso en el alma de su Andalucía,° cuya esencia ha recogido e interpretado como nadie.

Pero García Lorca no termina en Andalucía, ni en España. Sobrepasa las fronteras geográficas hasta alcanzar elevación universal.

Lorca supera también los confines del tiempo. Resiste los cambios de la moda y de las ideologías, y no está sujeto a exaltaciones y abandonos bruscos. Su popularidad sigue expandiéndose, en ascenso, sobre todo entre los jóvenes.

Sus sensaciones inmediatas se hicieron música con original pureza de imagen. Estas sensaciones se las ofrecían el paisaje andaluz, los andaluces, con sus miserias y sus grandezas, con el "dolor de la alegría" que termina en tragedia.

Adaptación de un artículo de *Temas* (Nueva York)

NOTA:
Hacemos excepción aquí a los límites de vocabulario de este libro
para presentar dos poemas de Lorca.

Paisaje

El campo
de olivos
se abre y se cierra
como un abanico.
Sobre el olivar
hay un cielo hundido
y una lluvia oscura
de luceros fríos.
Tiemblan junco y penumbra
a la orilla del río.
Se riza el aire gris.
Los olivos
están cargados
de gritos.
Una bandada
de pájaros cautivos,
que mueven sus larguísimas
colas en lo sombrío.

Despedida

Si muero,
dejad el balcón abierto.
El niño come naranjas.
(Desde mi balcón lo veo.)
El segador siega el trigo.
(Desde mi balcón lo siento.)
¡Si muero,
dejad el balcón abierto!

Ejercicios

Definiciones

Lengua: Lorca es un notable poeta de *habla española*.

1. El contrario de amores: Su muerte fue resultado de _____.
2. Separado; sin relaciones: Su muerte no fue un fenómeno _____.
3. Pobre y sin derechos: La gente campesina es la clase más _____ de la sociedad española.
4. Intención: Su _____ era elevar el nivel cultural del pueblo.
5. Daba representaciones: El grupo teatral "La Barraca" _____ en los pueblos, para campesinos y obreros.
6. Excede: La influencia del poeta _____ las fronteras geográficas.
7. De Andalucía: El poeta amaba particularmente el paisaje _____.
8. Escritor de obras de teatro: Lorca no era solamente poeta, también era _____.

Estructuras

A

Está inmerso en su Andalucía, *de la cual* ha interpretado la esencia. →
Está inmerso en su Andalucía, *cuya* esencia ha interpretado.

1. Nació y murió en la provincia de Granada, de la cual había amado el paisaje.
2. La muerte del poeta es un fenómeno del cual se quiere saber la causa.
3. Los jóvenes leen las obras de García Lorca, de las cuales sigue expandiéndose la popularidad.
4. El poeta era compasivo con los andaluces, de los cuales él observaba las miserias y las grandezas.

B

¿Quién ofreció un recuerdo a García Lorca? (la revista *Temas*) →
Se lo ofreció la revista *Temas*.

1. ¿Quiéne ofreció al dramaturgo el contenido social de sus obras? (la clase campesina)
2. ¿Qué ofrecía a García Lorca una sensación poética? (el paisaje andaluz)

120

3. ¿Quiénes ofrecían a García Lorca las inspiraciones para su poesía? (los andaluces)
4. ¿Qué lugar ofreció al poeta el ambiente ideal para el poema "Paisaje"? (el campo de olivos)

Preguntas

1. ¿Cómo murió García Lorca?
2. ¿Cuántas personas murieron en la Guerra Civil?
3. ¿Cómo fue la actitud política de los amigos de Lorca?
4. ¿Qué formas literarias tomó su crítica social?
5. ¿Cuál fue la intención de "La Barraca"? ¿Para qué clase social daba representaciones?
6. ¿Cuándo comenzó la Guerra Civil?
7. ¿De dónde obtenía García Lorca la inspiración para su poesía?
8. En el poema "Paisaje" se siente la presencia de la muerte. ¿Qué palabras en el poema evocan este sentimiento de melancolía?

Recitación

Aprenda de memoria el poema "Despedida", página 178.

Puntos de vista

1. ¿Hace el arte inmortal a su creador?
2. ¿En qué se inspiran los poetas?
3. ¿Cree usted que el arte debe ser usada para expresar opiniones sociales o políticas?

Proyectos individuales

Prepare una presentación de cinco minutos sobre el aspecto de García Lorca que le interese más. Por ejemplo: su poesía; sus obras teatrales (temas, vestuario, actores, traducciones, etc.); su región de España (costumbres, trajes, historia, bailes, etc.); España en los años treinta (causas de la Guerra Civil, influencia de países extranjeros sobre ella, sus consecuencias).

25

Carlos Saura nos habla de su cine

Durante muchos años, el director Carlos Saura se ha dedicado a hacer "películas de arte", cosa que no era nada fácil en España. Se dió a conocer internacionalmente con su tercera película, *La caza*. Pero no fue sino hasta la número diez, *Cría cuervos*, que sus obras llegaron a ser éxitos en taquilla.°

Hemos comenzado esta entrevista con una referencia a su aceptación por el público.

—Al primero que sorprende este éxito es a mi, —dice Saura. —Yo ya contaba con la aprobación° de la crítica francesa, pero lo que me ha sorprendido ha sido que tenga tanta aceptación popular. Que la película haga dinero me parece siempre un regalo, no lo espero.

—¿Crees que en España se está comenzando a hacer un cine verdaderamente válido?

—Lo interesante es que ahora los directores puedan hacer su obra, que las personas que son capaces de hacer cine tengan oportunidad de hacerlo. Es difícil saber si ahora se están dando en España las condiciones suficientes para que sea así. Lo difícil en el cine es el problema económico. Lo ideal sería que todos pudieran hacer su obra personal, representando el punto de vista de cada uno. Creo que todo puede ser válido, tanto una película política, como una comedia o lo que sea.

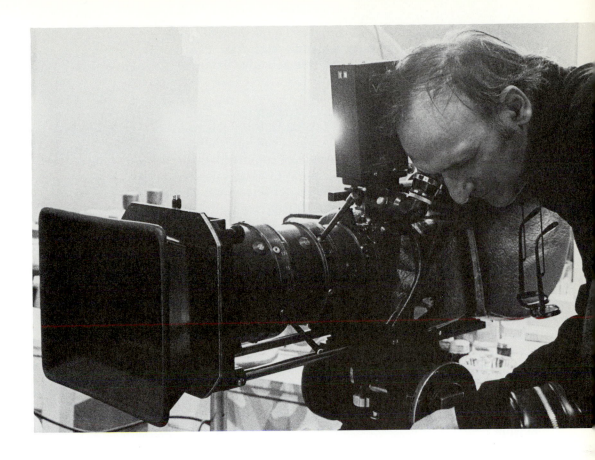

—Antes tu eras el director español más politizado.

—Hay películas mías hechas en un estado de verdadera furia, como *La caza.* Cuando las dirigí, no tenía posibilidades para hacer practicamente nada, y mi reacción por ello era mucho más violenta. A mí me parece que mantenerse activo por encima de cualquier° impedimento **por...** sobre todo es mucho más radical que la actitud de los que dicen "no voy a hacer nada hasta que esto no cambie".

—Y tú siempre has preferido actuar...

—Por eso, precisamente, ya no hablo más de la guerra española; ya he hablado demasiado. Además, quiero apartarme de cualquier tipo de influencias sobre mi obra.

—¿En qué sentido?

—En principio acepto la influencia de todo. Si no, estaría muerto. Cuando me dicen que en mí hay rastros° cosas de Buñuel o de Bergman están en lo cierto; y además también tengo influencias de escritores que me gustan, de pintores que me gustan, de amigos que me gustan, de Geraldine, que es mi mujer, y demás etcéteras. Pero siempre soy yo mismo el autor de mis películas. Lo que no quiero son colaboraciones.

—¿A qué te refieres?

—Por ejemplo, me costó mucho trabajo hacer *Cría cuervos* porque por primera vez dejé de trabajar con un colaborador excepcional, Rafael Azcona. Siempre había hecho todos los guiones° con él, hasta que comprendí que tengo que afrontar solo mi propia obra. El estar solo es una experiencia fascinante y a veces terrible. Pero ya estoy acostumbrado, y de esta manera me pertenecen° las obras totalmente, cosa que puede ser para bien o para mal. Con *Cría cuervos*, (que se trata de la vida interior de una niña) estuve muy inseguro. Su éxito me dió fuerza para seguir por este camino. En todos sus aspectos, quiero tener el mayor control posible de mis películas. Quiero ser yo el responsable de todo.

—En otras palabras, tú te estás dedicando cada vez más a un cine de autor, mientras que la mayoría hace obras colectivas.

—Yo acepto totalmente que quiero ser un autor, ¿por qué no? Me parece maravilloso, sin embargo, que haya otro cine de tipo colectivo. Me parece una experiencia fascinante el hecho de que cada persona haga lo que le da la gana.°

la forma escrita de la película

me... son mías

le... quiere

Adaptación de un artículo de *Nuevo Fotogramas* (Barcelona)

Estas son algunas de las películas de Carlos Saura:

1 *La caza* (1965). Cuatro amigos que van de caza acaban peleándose.
2 *El jardín de las delicias* (1970). La historia de un hombre que perdió la memoria, y los divertidos remedios de su familia.
3 *La prima Angélica* (1973). Una historia que examina la infidelidad de la memoria.
4 *Cría cuervos* (1976). El mundo de los adultos visto por una niña.
5 *Deprisa, deprisa* (1980). La historia de unos adolescentes que huyeron de casa y se convirtieron en criminales.
6 *Bodas de sangre* (1981). Una documental que presenta el ensayo de un ballet de Antonio Gades basado en el drama de García Lorca.

*Bodas
de
Sangre*

La Caza

125

Ejercicios

Vocabulario

Complete las oraciones con palabras apropiadas que han aparecido en el texto.

1. Nadie conocía a Carlos Saura; se _____ con *La caza*.
2. Sus películas eran un fracaso comercial; tenían la aprobación de los críticos, pero no la del _____.
3. Antes hacía películas poco populares; ahora son éxitos en _____.
4. Antes de ser popular estaba bajo la _____ de Buñuel.
5. Cuando Saura hace una película no piensa en el éxito comercial. Cuando esto ocurre, le parece un _____.
6. Para él, no todas las películas tienen que ser personales; una obra _____ también es válida.
7. Saura quiere que las obras sean suyas; quiere que le _____ totalmente.
8. En la creación de una película trabajan varias personas, pero Saura no quiere las _____, sino hacerlo todo él mismo.
9. Después de haber hecho *Cría cuervos*, Saura trabaja solo, ya que le da _____ trabajar así.

Estructuras

(sorprender, tener tanta aceptación popular)
Me sorprende que Saura tenga tanta aceptación popular.

1. (interesar, ser tan abierto en sus opiniones)
2. (gustar, decir que hay muchas formas de hacer cine)
3. (disgustar, hacer películas muy complicadas)
4. (aburrir, hablar tanto)
5. (sorprender, poder hacerlo todo)
6. (extrañar, no pensar en el éxito comercial)
7. (irritar, no querer hacer una película divertida)
8. (parecer un error, no aceptar colaboraciones)

Preguntas

1. ¿Cuál es la profesión de Carlos Saura?
2. ¿Cuál fue la película que lo dió a conocer dentro y fuera de España?
3. ¿Qué le ha sorprendido?

Ana Torrent y Geraldine Chaplin en *Cría Cuervos*

4. Según Saura, ¿qué es lo que los directores de cine deberían tener?
5. ¿Cómo se sentía cuando hizo *La caza*?
6. ¿Por qué ha dejado de hablar de la guerra española?
7. Si no fuera influido por muchas cosas, ¿cómo estaría Saura?
8. ¿Cuál fue la primera película que hizo sin la ayuda del colaborador con quién había trabajado antes?
9. ¿Por qué insiste en trabajar solo?
10. Según Saura, ¿quién debería hacer lo que le da la gana?

Discusión

1. ¿Ha visto alguna película de Saura? ¿Cómo le ha parecido?
2. ¿Qué películas le gustan más, las americanas o las extranjeras? ¿Por qué?
3. En su opinión, ¿cuál es el mejor medio para representar la realidad: la novela, el teatro o el cine? Explique su preferencia.
4. ¿En qué diría usted que se diferencia el cine de autor que hace Saura del cine colectivo que hace la mayoría?
5. ¿Cuál es la mejor película que ha visto recientemente? Por qué es mejor que otras?

26
Copán, legendario y monumental

Las ruinas de Copán están situadas en un pequeño valle al occidente de la república de Honduras, a una altura de unos 2.000 pies sobre el nivel del mar. Este lugar es de fácil acceso por vía aérea o terrestre; las rutas están pavimentadas.

A un kilómetro del centro arqueológico se encuentra la ciudad de Copán, muy pintoresca, hospitalaria por tradición y con buenos hoteles, donde se puede pasar un agradable fin de semana y tomar así el tiempo indispensable para recorrer° las majestuosas ruinas mayas.

Los mayas poblaron esta región hace unos veinte siglos y la abandonaron entre los siglos X y XII. Los

° visitar

conquistadores españoles no la conocieron, pues existía entonces una selva° impenetrable. En una serie de expediciones científicas, el gobierno de Honduras y la Institución Carnegie de Washington lograron° restaurar y conservar los monumentos más notables. Hoy día, constituyen uno de los conjuntos más importante de monumentos legados° por los mayas en toda la región que ocuparon.

bosque grande

pudieron

dejados

En la historia de la humanidad los mayas representan a un pueblo trabajador, pacífico y religioso, que alcanzó un adelanto° sorprendente en todas las ramas del arte y de las ciencias. Llegaron a la cumbre de la gloria y la grandeza para caer después en la decadencia y la extinción.

progreso

Copán es la expresión del "Gran Período" de la civilización maya. Por su riqueza en monumentos, donde se observan multitudes de jeroglíficos característicos, Copán refleja en forma extraordinaria el desarrollo cultural de los mayas, que muchos investigadores han llamado "la

Jeroglíficos del tiempo
del calendario maya

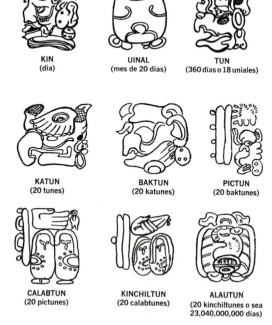

KIN
(día)

UINAL
(mes de 20 días)

TUN
(360 días o 18 uniales)

KATUN
(20 tunes)

BAKTUN
(20 katunes)

PICTUN
(20 baktunes)

CALABTUN
(20 pictunes)

KINCHILTUN
(20 calabtunes)

ALAUTUN
(20 kinchiltunes o sea
23,040,000,000 días)

Los nueve períodos del tiempo

130

Atenas maya" o "la Alejandría maya", en comparación con aquellas grandes culturas de Grecia y Egipto.

Dentro de esta riqueza jeroglífica, los especialistas han deducido que los mayas resolvieron con exactitud problemas matemáticos, obteniendo conocimientos fundamentales y comprobados. Crearon° signos específicos para dividir el tiempo. Incluso inventaron el cero, concepto que los orientales inventaron en el siglo VI. Crearon también un calendario que demuestra la exactitud con que computaban el tiempo.

° inventaron

Se cree que Copán alcanzó una población de unos 200.000 habitantes. El gran número de los templos, las plazas, las estructuras y los monumentos que todavía se conservan dan vivo testimonio de que esta antigua civilización indígena fue una de las más altas de la historia del hombre.

Adaptación de un artículo de *Honduras ilustrada* (Tegucigalpa)

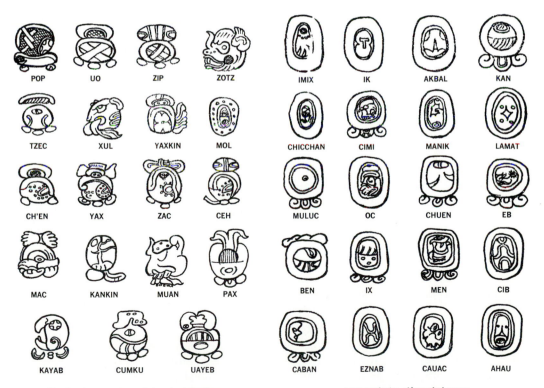

Los dieciocho meses del calendario maya   Los veinte días del mes

Ejercicios

Definiciones

Un bosque enorme: **Cuando los españoles llegaron al Nuevo Mundo, Copán ya estaba rodeado de una *selva* impenetrable.**

1. Transmitir ideas a los que viven después: Los monumentos _____ por los mayas muestran la riqueza cultural de esta civilización.
2. Progresar: En las ramas del arte y de las ciencias, los mayas alcanzaron un _____ excepcional.
3. Llegar a la conclusión: Al analizar los jeroglíficos de los mayas, los especialistas han _____ que éste fue un pueblo muy desarrollado.
4. Hallar la solución: Los mayas _____ con exactitud problemas matemáticos.
5. Inventar: _____ también un calendario extraordinario.

Estructuras

A

El gobierno de Honduras quiere conservar los monumentos mayas. → **¡Es importante que los conserve!**

1. La Institución Carnegie de Washington quiere restaurar los monumentos mayas.
2. El gobierno quiere pavimentar las rutas.
3. Los investigadores quieren descifrar los jeroglíficos de esta civilización.
4. Las expediciones científicas quieren comprobar la invención del cero.
5. El Museo Metropolitano de Arte quiere presentar una exhibición maya.

B

¿Están terminados los trabajos de restauración? →
Todavía no, pero se están terminando.

1. ¿Están abiertos los nuevos hoteles en Copán?
2. ¿Están restaurados los monumentos más notables de los mayas?
3. ¿Están descifrados los jeroglíficos de esta civilización?
4. ¿Están comprobadas las conclusiones de los investigadores?
5. ¿Están investigadas todas las ruinas de Copán?

Escalera maya con jeroglíficos

Preguntas

1. ¿En qué país se encuentran las ruinas de Copán?
2. ¿Por qué podemos considerar a Copán como una ciudad ideal para los turistas?
3. ¿Por qué los conquistadores españoles no lograron visitar esta ciudad antigua?
4. ¿Cómo conservó el gobierno de Honduras la riqueza de la cultura del pueblo maya?
5. ¿Cómo eran los mayas?

6. ¿Cómo representa la ciudad de Copán el "Gran Período" de la civilización maya?
7. ¿Cuáles fueron algunas de sus invenciones?
8. ¿Cómo sabemos que fue una civilización extraordinaria?

Puntos de vista

Discuta en forma oral o escrita.

Es inútil gastar tanto dinero y perder tanto tiempo desenterrando los esqueletos y las ruinas de una civilización antigua. ¿Cómo ayuda la arqueología a resolver los problemas de hoy día?

Proyectos individuales

Según sus intereses, varios estudiantes pueden preparar presentaciones (cinco a diez minutos) sobre aspectos de la civilización maya. Por ejemplo:

- un "arqueólogo" explica un modelo de una ruina maya que él o ella ha construido
- un "científico" demuestra algunas invenciones mayas científicas o matemáticas
- un "artista" presenta unas contribuciones artísticas mayas
- un "etnólogo" habla de lo que se sabe sobre el modo de vida maya

27
Un espectáculo bárbaro y popular

Entre las tradiciones populares del continente americano, una —la lucha de gallos— se destaca° por su popularidad. Se introdujo en la época de la conquista española, importada de la "civilizada" Europa. Es una fiesta popular, considerada por algunos como un deporte, por otros como una ceremonia o ritual, y por muchos como un espectáculo salvaje y sanguinario.°

se distingue

con mucha sangre

La fiesta moviliza una cantidad enorme de público de lo más variado, compuesto en su mayoría de hombres de un nivel económico y cultural pobre. Sin embargo participan también mujeres y miembros de las clases privilegiadas. Tiene lugar en una "gallera", un espacio circular —el ruedo— con un suelo blanco de arena fina, rodeado de asientos o graderías° para los espectadores. Es

rodeado...

una versión, en pequeño, del ruedo de la plaza de toros española.

La lucha puede presentar dos variantes: la que termina con la muerte de uno de los combatientes, o la que finaliza cuando uno de los gallos manifiesta una clara inferioridad.

El público alegre y animado llega a la gallera con tiempo suficiente; se comentan las posibilidades de ambos gallos, se analiza y discute, a veces se disputa, bajo un sol brillante que da luminosidad y colorido a la fiesta.

El espectáculo comienza cuando los entrenadores° entran en el ruedo llevando sus respectivos animales cubiertos con capas de seda o terciopelo° y el nombre del entrenador en letras doradas.

los que enseñan a luchar

seda... telas elegantes

El público se excita. Cada entrenador pone el espolón,° previamente escogido, en la pata° derecha de su gallo, junto al espolón natural del animal. El espolón es el arma de ataque. Puede ser muy agudo,° lo que reduce notablemente la duración de la lucha, o bien menos agudo, lo que alarga el combate.

espolón
pie (de un animal)

que puede cortar

En el momento en que los entrenadores llevan sus animales al ruedo, teniéndoles por un cordel, el público puede apreciar de cerca su tamaño y su agresividad. Las apuestas° y la tensión aumentan.

dinero jugado

El juez° que regula la lucha levanta la campanilla° y la mantiene en alto dos o tres minutos, mientras duran las apuestas. Pasado este tiempo se cortan los cordeles de los gallos y la verdadera lucha comienza. En las graderías hay un silencio absoluto cargado de expectación. Los entrenadores estimulan a sus animales para un primer ataque. Cada vez que uno de los gallos se pone en posición de combate, el entrenador del otro alerta a su animal por medio de gritos.

    El público sigue el combate paso a paso. Normalmente cuando un gallo ataca, el otro se retira; si tiene coraje

árbitro / **campanilla**

reacciona y ataca a su vez. Siguen los golpes, los saltos, los movimientos de ataque y defensa que fatigan a los luchadores. Las plumas vuelan brillantes al sol. Finalmente uno se impone, ataca a su enemigo hasta conseguir enterrar° en él su espolón. Si la lucha es a muerte, viene el ataque final y uno de los animales queda sobre la arena manchada° de sangre. El entrenador del vencedor se lanza

penetrar

cubierta en parte

El entrenador... gallo

al ruedo y abraza entusiasmado a su gallo,° cubriéndolo cuidadosamente con el manto de gala° entre los aplausos, gritos y risas del público. El perdedor recoge tristemente su gallo muerto o herido, y sale perdiéndose entre la confusión. El público abandona las graderías discutiendo animadamente. La trágica fiesta ha terminado; corren el vino y la cerveza,° se comenta el espectáculo pasado y se prepara el próximo.

manto... símbolo del vencedor

cerveza

Esto es la lucha de gallos, ceremonia de sangre, ceremonia de muerte, deporte... en todo caso como muchas otras fiestas populares (lucha de carneros,° de camellos, corridas de toros, boxeo) su verdadera significado no es claro. Para algunos, es la ocasión de una fiesta, la posibilidad de vivir un momento excitante, lejos de las preocupaciones cotidianas,° una pura evasión. Para otros, es un espectáculo bárbaro y sanguinario que degrada al espectador. Los psicólogos lo interpretan como una posibilidad de expresar la agresividad.

carnero

de todos los días

En realidad, ¿qué es la lucha de gallos? ¿Nada más que un espectáculo? ¿Una expresión de la propia agresividad? ¿Una necesidad de afirmar la virilidad y supremacía del más fuerte? ¿Quizás un recuerdo inconsciente del pasado salvaje del hombre prehistórico? El lector tiene la palabra.°

El... Usted dirá

Adaptación de un artículo de *Siete Días Ilustrados* (Buenos Aires)

Ejercicios

Definiciones

El contrario de *civilizado:* Es un espectáculo *bárbaro.*

1. Se distingue: Un deporte se _____ por su popularidad.
2. El espacio circular: La lucha tiene lugar en el _____.
3. Los luchadores: En una lucha de gallos hay dos _____.
4. El "pie": El gallo lleva el espolón en la _____ derecha.
5. Dimensión: ¿Cuál es el _____ de este gallo; es grande?
6. Que no está limpio: La arena está _____ de sangre.
7. De todos los días: El público olvida sus preocupaciones _____.

Estructuras

A

Hay dos contendientes. Uno gana y el otro pierde. →
Hay dos contendientes, el que gana y el que pierde.

1. Hay dos gallos. Uno ataca y el otro se retira.
2. Hay dos entrenadores. Uno sale alegre y el otro sale triste.
3. Hay dos variantes. Una termina con la muerte y la otra termina cuando un gallo está herido.
4. El gallo tiene dos patas. Una lleva el espolón y la otra no lleva nada.
5. La lucha tiene dos aspectos. Uno expresa la agresividad y el otro expresa la alegría.

B

El espectáculo *ha sido introducido* en la época de la conquista. →
El espectáculo *se introdujo* en la época de la conquista.

1. El espectáculo ha sido importado de Europa.
2. La lucha de gallos ha sido considerada como un deporte.
3. La superioridad de un gallo ha sido demonstrada claramente.
4. Las posibilidades de ambos gallos han sido comentadas y analizadas.
5. El espolón ha sido puesto en la pata del gallo.
6. El público ha estado entusiasmado por el gallo más agresivo.

C

¿Cómo estimula el entrenador a su gallo? *Con gritos.*   →
Lo estimula *por medio de* gritos.

1. ¿Cómo empieza el juez el combate? Con una campanilla.
2. ¿Cómo puede ganar dinero un espectador? Con apuestas.
3. ¿Cómo mata el gallo a su enemigo? Con un espolón.
4. ¿Cómo controlan los entrenadores a sus gallos? Con un cordel.
5. ¿Cómo simboliza el entrenador su triunfo? Con el manto de gala.

Transposición

*Cuente (o escriba) desde "El juez que regula la lucha..." hasta "...por medio de gritos",
cambiando los verbos al imperfecto.*

"El juez que regulaba la lucha..."

Preguntas

1.   ¿Es fiesta o ceremonia la lucha de gallos? ¿Por qué?
2.   ¿Qué clase o clases sociales son aficionadas a esta fiesta?
3.   ¿Dónde tiene lugar la lucha?
4.   ¿Termina siempre con la muerte?
5.   ¿Qué llevan los gallos al entrar al ruedo?
6.   ¿Qué llevan en la pata derecha? ¿Para qué sirve?
7.   ¿Qué cualidades se aprecian en un gallo?
8.   ¿Cuándo se cortan los cordeles de los gallos?
9.   ¿Cuándo termina la lucha?
10. ¿Cuál es la atracción de la lucha de gallos?

Dibujo

*Para los artistas: Dibuje una serie de tres o cuatro escenas ilustrando en color el
progreso de una lucha de gallos. Después, explíquelas a la clase.*

Puntos de vista

*Discuta en forma oral o escrita lo que es la lucha de gallos: ¡ceremonia, deporte o
fiesta!*

Gabriel García Márquez, ganador del Premio Nobel en 1982.

28
Triunfo y pobreza

Acaba de aparecer otra fascinante novela del gran escritor colombiano Gabriel García Márquez. Se llama *Cronica°* *de una muerte anunciada* y ha sido publicada simultaneamente en Colombia, Argentina, México y España. En Madrid, se vendieron 35.000 ejemplares° en el primer día.

Historia

libros

141

García Márquez comenzó a tener éxito hace más de quince años, con la novela que lo hizo famoso: *Cien años de soledad.* Pero antes de llegar a ser uno de los mejores novelistas de su tiempo, estaba en París, "viviendo de milagros"° en un hotel pequeño porque no tenía dinero para pagar más.

viviendo... viviendo con mucha dificultad

El triunfo de este escritor ilustra el gran éxito de la literatura hispanoamericana en los últimos años. Pero su caso no es el único. En el mismo hotel donde vivía el colombiano en condiciones miserables, el peruano Mario Vargas Llosa estaba preparando su novela *La ciudad y los perros,* que pocos años después ganó un premio importante.

Algunos dicen que este nuevo éxito extraordinario de la literatura hispanoamericana se debe fundamentalmente a que los autores interpretan el espíritu americano y, al interpretarlo, se han hecho universales. Pero el conocido crítico Guillermo de Torre dice que la publicidad es hoy un elemento importante en la promoción de la literatura. "El lector medio —dice— lee ahora novelas latinoamericanas porque se le presentan rodeadas de una propaganda muy atractiva." Y, al menos en parte, es necesario reconocer que tiene razón.

La fortuna no vino fácilmente a los escritores que hoy dominan esta literatura. Los que están ahora a la cabeza del movimiento literario en Hispanoamérica son personas que han soportado° períodos bastante largos de sacrificios, duro trabajo incomprendido y, tal vez, hambre. Después de que sus obras se encuentran en las listas de mayor éxito, disfrutan° quizá de una seguridad económica mínima para seguir escribiendo, pero ciertamente no del lujo que la gente mal informada imagina. "Estoy muy lejos —dice José Donoso— de poder quedarme sentado en mi sillón° recibiendo mensualmente° los cheques que me envía mi agente. Claro que, indirectamente, puedo vivir de lo que escribo, pues el prestigio que esto me da me permite obtener trabajos de profesor, becas,° traducciones, etcétera para no morirme de hambre con más o menos elegancia."

conocido; sufrido

gozan

silla con brazos / cada mes

ayuda monetaria para los estudios

La falta de estímulo, en dinero y en apreciación, explica la decisión de muchos novelistas hispanoamericanos de dejar su país para instalarse en Europa o en los Estados Unidos. Unos han podido pagar el viaje de su bolsillo,° y otros han recibido una beca oficial o un puesto diplomático.

de... con su propio dinero

Las circunstancias locales han cambiado en los últimos años. En la Argentina y en México se ha consolidado una respetable industria editorial, y en otros países se han hecho serios esfuerzos para promoverla.° El mercado del libro sigue limitado, sin embargo, por varios factores. En algunos países un alto porcentaje° de analfabetismo° predomina todavía. Y en casi todos, el costo que representa comprar un libro es elevado. Los doce dólares que vale aproximadamente una novela equivalen fácilmente a un día de salario de un ejecutivo, y mucho más en el caso de un obrero.

Actualmente es costumbre en Hispanoamérica pagar al autor el 10 por ciento del precio de cada libro vendido. El resto se distribuye así: entre el 10 por ciento y el 15 por ciento para el distribuidor, entre el 35 y el 40 por ciento para el librero,° y el 40 por ciento para el editor.°

—Los escritores de éxito —dice García Márquez— somos como vacas lecheras de las cuales viven muchos otros, desde los fabricantes de papel hasta los libreros. Pero a nosotros nos corresponde solamente 10 por ciento de cada ejemplar vendido, menos 10 por ciento de éste que pagamos al agente literario y menos los impuestos.° Hay que vender como cuatro ejemplares de una novela para llevar los niños al cine.

esfuerzos... acciones para popularizarla

porcentaje: % / no saber leer ni escribir

persona que vende libros / compañía que publica libros

dinero que se da al gobierno

Adaptación de un artículo de *Visión* (México)

Ejercicios

Sinónimos

Dé otra(s) palabra(s) con el mismo significado.

1. Se necesita mucho tiempo para leer *un cuento largo*.
2. Muchos novelistas *viven con mucha dificultad* antes de llegar a ser ilustres.
3. García Márquez no es el único que ha *sufrido* períodos bastante largos de sacrificios.
4. La literatura hispanoamericana *goza* de un nuevo prestigio.
5. Después de que una novela se encuentra en las listas de mayor éxito, el autor goza *tal vez* de una seguridad económica mínima.

6. Un gran surgimiento de esta literatura se produce *hoy día*.
7. Es *habitual* pagar al distribuidor entre el 10 por ciento y el 15 por ciento del precio del libro.

Estructuras

A

*Use la preposición **para** o **por**, según convenga.*

Sus obras le permiten obtener trabajos de profesor _____ no morirse de hambre. → **Sus obras le permiten obtener trabajos de profesor *para* no morirse de hambre.**

1. Hay que vender muchos ejemplares de una novela _____ mantener a la familia.
2. Varios autores no han tenido dinero _____ pagar una habitación normal.
3. Un autor gana el 10 _____ ciento de la venta de sus obras.
4. Su primera novela fue publicada _____ la Editorial Sudamericana.
5. Este novelista ha dejado su país _____ instalarse en Europa.
6. El mercado del libro sigue limitado _____ varios factores.
7. Un 40 por ciento del precio del libro es _____ el editor.

B

Los autores interpretan el espíritu americano. Se han hecho universales. → **Los autores interpretan el espíritu americano, y al interpretarlo, se han hecho universales.**

1. Este autor ha expresado sus dolores. Ha escrito una novela inolvidable.
2. Los escritores han soportado períodos de sacrificios. Han ganado una experiencia importante para sus novelas.
3. Este novelista ha recibido un puesto diplomático. Ha podido instalarse en el extranjero.
4. Algunos autores han ganado premios importantes. Han obtenido un nuevo prestigio.
5. Algunos países hispanoamericanos han promovido la industria editorial. Han desarrollado el mercado del libro.

C

La literatura hispanoamericana disfruta de un nuevo éxito porque los autores interpretan el espíritu americano. → **El nuevo éxito de la literatura hispanoamericana se debe a que los autores interpretan el espíritu americano.**

1. Este autor disfruta de un nuevo prestigio porque él ganó un premio importante.
2. Este escritor ha gozado de un triunfo porque sus novelas expresan ideas universales.
3. Este novelista disfruta de un viaje a Europa porque él ha recibido una beca oficial.
4. Su novela disfruta de un éxito extraordinario porque ella estaba rodeada de publicidad.
5. Algunos escritores disfrutan de una seguridad económica porque sus obras se encuentran en las listas de mayor éxito.

Preguntas

1. ¿Qué hacía García Márquez antes de llegar a ser uno de los mejores novelistas de su tiempo? ¿Es éste el único caso de un autor hispanoamericano que ha hecho sacrificios para escribir?
2. ¿Cómo ha evolucionado la literatura americana en los últimos años?
3. ¿A qué se debe el nuevo éxito de la literatura hispanoamericana?
4. Según uno de los críticos literarios, ¿qué es un elemento importante en la promoción de la literatura?
5. ¿Qué han debido soportar los escritores antes de llegar a la cabeza del movimiento literario en Hispanoamérica?
6. ¿Cuándo comienzan ellos a disfrutar de una seguridad económica?
7. ¿Por qué dice José Donoso que puede vivir "indirectamente" de lo que escribe?
8. ¿Por qué dejan sus países muchos autores hispanoamericanos para instalarse en el extranjero?
9. ¿Cómo han cambiado las circunstancias en los últimos años?
10. ¿Por qué sigue limitado el mercado del libro en Hispanoamérica?
11. ¿Quién se beneficia de las ventas de libros?
12. ¿Quién recibe la parte más pequeña del precio del libro? ¿La más grande?

Puntos de vista

Discuta en forma oral o escrita.

1. El exilio es una condición que inspira a los grandes escritores. Discuta con referencia a escritores mundialmente famosos.
2. Los libros son caros y la gente común no puede comprarlos. Por eso la literatura no es una forma de acción política.

29
Los hombres de estaño°

metal blanco de que se hacen latas

Un reportero de la revista argentina Siete Días Ilustrados *pasó tres semanas con los mineros de Bolivia. Éste es su reportaje.*

En este mundo de piedra y polvo, a casi 4.000 metros de altura, las noches son aun más duras que los días. El sol de la montaña quema la piel, pero cuando desaparece y caen las sombras, el frío penetra ferozmente hasta los huesos. Ésta es mi primera noche en el centro minero de Bolivia. El pueblecito se llama Llallagua; la mina, *Siglo XX.*

Voy atravesando° la pequeña plaza helada, lentamente, con las manos hundidas° en un abrigo negro. "¡Padre! ¡Padrecito!": un trabajador sale, corriendo, de la oscuridad. Me toma el brazo; a la luz enferma de la única lámpara, cualquiera puede leer la desesperación en esta cara huesuda. La voz suena° imperativa: "Me tiene que acompañar, padre, se lo ruego".° Explico que no soy sacerdote.° Varias veces se lo explico. Es inútil: "Ha de venir, padrecito, conmigo ha de venir". Al minero se le está muriendo un hijo. "El más joven es, padre. Tiene que venir y darle los santos óleos.° Ahorita, padre, que se nos va." Me hunde los dedos en el brazo.°

En el cementerio de Llallagua se encuentra, entre las tumbas oscuras de los adultos, una innumerable cantidad de cruces blancas sobre las tumbas pequeñas. De cada dos niños, uno muere poco tiempo después de nacer. El otro, el que vive, será seguramente minero. Y antes de

cruzando
escondidas; desaparecidas

parece
pido
clérigo católico; padre

darle... administrarle la Extrema Unción / **Me...** Me toma el brazo con gran fuerza

llegar a los treinta y cinco años, ya sus pulmones habrán
rehusado° continuar trabajando.

contrario de aceptado

Aquí el estaño es un dios que domina los hombres y
las cosas y está presente en todas partes. No sólo hay
estaño en el vientre del cerro° que va perdiendo altura
mientras pierde riqueza. También tienen estaño las aguas

en... dentro de la montaña

que corren desde la montaña; se encuentra estaño en la tierra y en la roca, en la superficie y en el subsuelo, en la arena y en las piedras del Río Seco. Hay estaño hasta en las paredes de adobe de las casas.

Del estaño depende toda Bolivia y éste es el principal centro de producción.

Hace poco menos de un siglo, un hombre medio muerto de hambre peleaba° contra la roca en medio de estas desolaciones. La dinamita estalló° y cuando él se acercó a recoger los fragmentos de piedra fracturados por la explosión, quedó deslumbrado.° Tenía en las manos evidencia de la vena de estaño más rica del mundo. Al día siguiente, muy temprano, montó a caballo en dirección de Huanuni. Allí confirmaron: el análisis dio entre el 54 y el 60 por ciento de metal. El estaño podía enviarse directamente de la vena al puerto, sin necesidad de ningún proceso de concentración. Aquel hombre se convirtió en el rey del estaño, y cuando se murió, se dijo que era uno de los diez hombres más ricos del mundo. Se llamaba Simón Patiño.

La revolución de 1952 nacionalizó el estaño. Pero aquellas minas riquísimas se habían vuelto ya pobres. A principios del siglo, los mineros consideraban basura° el estaño con una concentración inferior a un 10 por ciento. La concentración de la mina *Siglo XX* apenas alcanza hoy al 0.5 por ciento. Los nuevos métodos permiten, sin embargo, que todo se aproveche°: ¿es posible, por otra parte, imaginar costos más bajos? Los trabajadores de la Corporación Minera Boliviana ganan unos treinta dólares al mes. Se revela, además, que más de la tercera parte° de los mineros no reciben ni un solo centavo el día de pago, porque deben más de lo que han ganado. Se hace necesario, entonces, trabajar horas extraordinarias en la atmósfera sofocante de la mina, lo que equivale simplemente a anticipar la propia muerte.

En la mina *Siglo XX*, la ley seca está en vigor, pero basta con cruzar el puente y allí está Llallagua, una especie de chichería° elevada a la categoría de pueblecito. Los locales donde se vende chicha están uno al lado del otro. Son fríos y desolados como hospitales sucios.° En ellos es fácil entrar, pero resulta casi imposible salir: se bebe hasta caer al suelo. Se bebe chicha de Cochabamba, un poco ácida porque la han "mentido" con agua y alcohol puro. Este maíz fermentado, la más barata de las bebidas, se sirve en vasos o en cáscaras de coco partidas a la mitad:

luchaba
estalló

sorprendido

cosa sin valor

utilice

la... ⅓

lugar donde se vende chicha (bebida alcohólica barata)
contrario de limpios

nadie puede rehusar la invitación y es costumbre beber todo de una sola vez. En la chichería se canta, se blasfema, se baila, pero todo se hace sin alegría; los hombres beben con desesperación, como para escapar la destrucción final —o precipitarse hacia ella. Saben que es inevitable.

La vida del minero pasa entre la chichería y el vientre de la tierra. ¿Adónde ir, si no? ¿A la casa? ¿A descansar? Los niños lloran y hacen ruido, todos en el mismo cuarto; los vecinos pelean; sólo hay disputas y enfermedades en la casa. Quizá es mejor así. Cuando el hombre llega muy borracho° y cayéndose de sueño, la mujer escapa los golpes de esa noche.   ha bebido demasiado

Voy dejando atrás la mina, después de tres semanas. Pienso en los amigos, en los que se quedan. Pienso en la noche de ayer. Me han despedido con chicha y canciones, y todo el tiempo me he sentido, sin saber muy bien por qué, un poco traidor.° Hubo un largo momento de silencio,   como Judas, por ejemplo
en la noche de ayer. Éramos muchos en aquel cuarto con suelo de tierra, las caras apenas alumbradas por la luz de un par de velas, y ninguno hablaba. Hasta que Pablo Rocha me pasó una mano por los hombros° y entonces dijo:

me...

—Ahora, dínos cómo es el mar, hermanito.

Adaptación de un artículo de *Siete días ilustrados* (Buenos Aires)

Ejercicios

Definiciones

Hace mucho calor; en efecto, la atmósfera es *sofocante*.

1. Simón Patiño se sorprendió al ver la rica vena de estaño; en efecto, quedó _____.

2. En el cementerio las tumbas no están iluminadas; en efecto, están _____.

3. Los mineros no se pueden escapar de la destrucción final; en efecto, la muerte es _____.

4. Esta piedra de estaño tiene poco valor; en efecto, los mineros la consideran _____.

5. Los mineros de Bolivia beben gran cantidad de chicha; en efecto, a veces llegan a casa muy _____.

Estructuras

A

> **Si el niño *vive, será* minero.** → **Si el niño *viviera, sería* minero.**

1. Si el sacerdote viene, dará al niño los santos óleos.
2. Si el reportero visita Llallagua, verá estaño hasta en las paredes de adobe de las casas.
3. Si el hombre encuentra una vena de estaño, será muy rico.
4. Si usted trabaja en Llallagua, el sol le quemará la piel.
5. Si usted bebe demasiado chicha, llegará a casa borracho.

B

> **Los mineros *trabajan* en la atmósfera sofocante de la mina.** →
> **¡Qué pena que los mineros *trabajen* en la atmósfera sofocante de la mina!**

1. Muchos hijos mueren poco tiempo después de nacer.
2. Los hombres beben con desesperación para escapar la destrucción inevitable.

3. Los trabajadores ganan solamente treinta dólares al mes.
4. La tercera parte de los mineros no recibe ni un solo centavo el día de pago.
5. La chicherías son frías y desoladas como hospitales sucios.

Preguntas

1. ¿Cómo es el clima de Llallagua?
2. ¿Por qué quiere el minero que el reportero le acompañe a su casa?
3. ¿Qué se encuentra en el cementerio de Llallagua?
4. ¿Dónde se encuentra el estaño?
5. ¿Por qué es importante el estaño en Bolivia?
6. ¿Por qué es tan bajo el costo de producción?
7. ¿Quién era Simón Patiño?
8. ¿Cómo descubrió el estaño?
9. ¿Qué son las chicherías?
10. ¿Por qué pasan tanto tiempo los mineros en las chicherías?
11. ¿Qué pide Pablo Rocha al reportero?
12. ¿Por qué es inevitable "la destrucción final" de los hombres de estaño?

Puntos de vista

Discuta en forma oral o escrita.

1. ¿Todavía existen condiciones de vida en los Estados Unidos comparables a las de los mineros bolivianos?
2. ¿Deben las compañías que explotan recursos naturales estar en manos privadas o ser del gobierno, como en Bolivia?
3. Ya que vivimos muy lejos de Bolivia, ¿deben preocuparnos los problemas de los mineros?

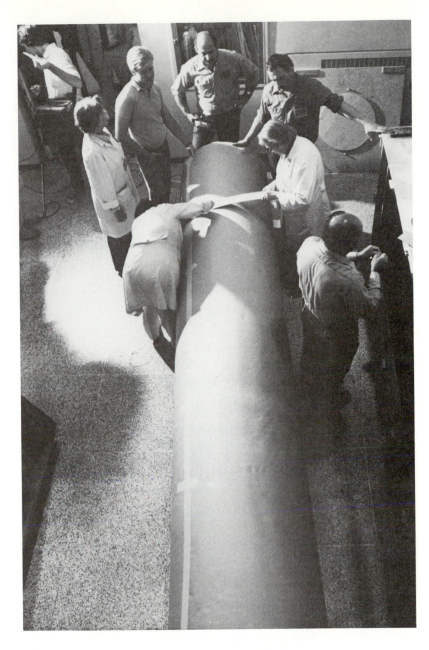

30 El último viaje del *Guernica*

Madrid, septiembre 10 — Esta mañana llegó a esta ciudad el *Guernica* de Pablo Picasso, uno de sus cuadros° más famosos. Vino de Nueva York, en el vuelo regular de la línea aérea Iberia. Aunque es un cuadro muy valioso y controversial, viajó sin póliza° de seguro. "Hemos preferido asegurarlo nosotros mismos", dijo el Ministro de Cultura, Iñigo Cavero.

    Las medidas de seguridad fueron excepcionales durante todo el viaje. El cuadro salió del Museo de Arte Moderno de Nueva York en secreto y cruzó el Atlántico protegido por un grupo de agentes de seguridad. Cuando llegó a Madrid, fue recibido por cientos de policías y guardias civiles fuertemente armados, y hasta por helicópteros y perros policía. Bajo esta extraordinaria protección, el cajón° dentro del cual venía el cuadro fue puesto en un camión y llevado al Museo del Prado.

    Picasso pintó esta obra como una acción de protesta durante la Guerra Civil Española (1936–1939). El pintor vivía entonces en París, en una calle cerca del Río Sena. Dado el gran tamaño del cuadro, Picasso tuvo que subirse a una escalera para pintar la parte superior. Comenzó a pintarlo cuatro días después del bombardeo de Guernica, una pequeña ciudad vasca del norte de España que fue destruida por aviones alemanes en un ataque sorpresa el 26 de abril de 1937.

    Inspirado por esta masacre, Picasso interpretó los horrores de la guerra con imágenes de víctimas inocentes,

pinturas

documento

caja grande

El país vasco

154

desfiguradas por el dolor y la confusión de una acción inhumana y violenta que nadie esperaba. Lo pintó usando solamente tres colores —el negro, el blanco y el gris—, como si se tratara de una noticia en el periódico. Pero no. El *Guernica* es más que eso. Lo que vemos en esta obra no sólo son los horrores de la guerra, sino los horrores de cualquier acto de represión política, cometido por gobiernos o grupos extremistas. Ha llegado a ser un símbolo universal de protesta contra la guerra y, al mismo tiempo, la obra más representativa de la pintura del siglo veinte, según la opinión de muchos críticos distinguidos.

El *Guernica* hizo su último viaje hoy, después de pasar 41 años en el Museo de Arte Moderno de Nueva York. Será instalado permanentemente en el Museo del Prado de Madrid, aunque algunas personas no están de

acuerdo. Los vascos, en particular, han declarado que sería más significativo exhibir el cuadro en la ciudad que lo inspiró, es decir, en Guernica. Pero el cuadro se quedará en Madrid porque, como han expresado varias autoridades del gobierno español, "es necesario respetar el deseo de Picasso, que quería que esta obra suya estuviera en el Museo del Prado". Además, para su conservación y seguridad no es conveniente que siga viajando.

Aunque el *Guernica* es obra de un pintor español y fue inspirada por el pueblo español, esta es la primera vez que los españoles podrán admirar la controversial pintura en su propio país. El *Guernica* tendrá un salón especial, que será inaugurado en el aniversario del nacimiento del pintor. También continuará protegida por fuertes medidas de seguridad que incluyen su exhibición detrás de un cristal a prueba de balas.° ¡Qué irónico que tenga que estar protegido de esta manera un símbolo de paz!

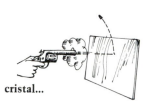

cristal...

Adaptación de un artículo de *La Región* (Orense, España)

Ejercicios

Familia de palabras

Complete las oraciones con el sustantivo que se deriva de cada verbo.

exhibir: La _____ del *Guernica* está protegida por medidas de seguridad. →
La *exhibición* del *Guernica* está protegida por medidas de seguridad.

1. volar: El *Guernica* llegó a Madrid en un _____ de Nueva York.
2. pintar: Este es un cuadro del _____ Pablo Picasso.
3. proteger: Durante el viaje fue necesaria la _____ de la policía.
4. atacar: Las autoridades no van a permitir un _____ al *Guernica*.
5. confundir: El bombardeo causó mucha _____ entre la gente.
6. protestar: Hubo una gran _____ en contra de la masacre.
7. viajar: No es conveniente que el *Guernica* siga haciendo _____.
8. gobernar: El _____ quiere que el cuadro se quede en Madrid.
9. conservar: Se han tomado las medidas necesarias para la _____ de esta valiosa obra.
10. nacer: ¿Sabe usted la fecha de _____ de Picasso?

Estructuras

(el cuadro; viajar en secreto)

ESTUDIANTE A: **El cuadro tiene que viajar en secreto, ¿verdad?**
ESTUDIANTE B: **Sí, es preferible que viaje en secreto.**

1. (los guardias; estar armados)
2. (el cuadro; volar asegurado)
3. (el deseo de Picasso; ser respetado)
4. (el hombre; vivir en paz)
5. (la obra; dejar de viajar)
6. (el *Guernica*; quedarse en Madrid)
7. (los españoles; ir al Prado a verlo)
8. (los vascos; aceptar la decisión)

Preguntas

1. ¿Por qué viajó sin poliza de seguro el *Guernica*?
2. ¿Quiénes volaron con el cuadro?
3. ¿Quiénes lo esperaban en Madrid?
4. ¿Dónde vivía Picasso cuando pintó este cuadro?
5. ¿Por qué uso una escalera para pintar la parte superior?
6. ¿Qué había pasado en Guernica cuando comenzó a pintarlo?
7. ¿Por qué da el cuadro la impresión de ser una noticia de prensa?
8. Según el artículo, ¿qué representan las imágenes del *Guernica*?
9. ¿Cuándo regresará el *Guernica* al Museo de Arte Moderno de Nueva York?
10. ¿Adónde quieren los vascos que sea llevado? ¿Por qué?
11. ¿Dónde quería Picasso que fuera exhibido?
12. ¿Por qué tiene que estar detrás de un cristal a prueba de balas?

Debate

1. Según usted, ¿cuál es el mensaje del *Guernica*? ¿Es este un mensaje político? ¿Humano? ¿Repulsivo? ¿Qué?
2. ¿Cómo expresaría usted en un cuadro lo contrario de lo que expresa el *Guernica*?
3. En su opinión, ¿cuáles son los elementos que hacen que el *Guernica* sea considerado como la obra más representativa de la pintura de este siglo?

Picture Credits and Copyright Acknowledgments

Original illustrations and pictorial glosses by Ed Malsberg

Cover photo: Peter Paz

2–3: Peter Paz
5: Jimmy Arauz/Courtesy of Ralph Mercado Management Corp.
7: *Cosmopolitan en español,* Miami
8: Courtesy of Ralph Mercado Management Corp.
10: James A. Sugar
13–16: Erskine Lane
17: Wide World Photos
18: © SPADEM, Paris/VAGA, New York
20: United Press International
23: © 1956 by The Regents of the University of California, reprinted by permission of the University of California Press.
24: Courtesy of The American Museum of Natural History
27: Courtesy of the Art Institute of Chicago
28–29: Collection of William Dyckes
35, 37: Ken Karp
39, 41: Engelhard/Monkmeyer Press Photo
45: Culver Pictures
48–49: Peter Paz
50–53: Robert W. Brown
55, 56: Editorial Atlantida, S.A., Buenos Aires
59: Monkmeyer Press Photo
61: George Silk, Life Magazine © Time Inc.
65: U.S. Department of Labor
66: U.S. Air Force, Nellis Base
69, top: HBJ Photo
69, bottom: Sanchez Studios
70–71: HBJ Photos
72–73: Sanchez Studios
74: California Avocado Advisory Board

77: WHO-Almasy/Monkmeyer Press Photo
80: *qué pasa,* No. 533, June 18, 1981, Santiago, Chile
81: *Semana,* Madrid
82–85: Grupo Zeta, Barcelona
86–88: Claudio de la Cadena, Mexico, D.F.
91: HBJ Photo
93: Beryl Goldberg
96–97: Peter Paz
98: Y. Lehmann/Peter Arnold, Inc.
101: Fujihiro/Monkmeyer Press Photo
104: Strickler/Monkmeyer Press Photo
106: Fushira/Monkmeyer Press Photo
107, 109: Strickler/Monkmeyer Press Photo
111, 113: Sergio Larrain/Magnum
117: Courtesy *Destino,* Barcelona
118–119: Klaus D. Francke/Peter Arnold, Inc.
123; 125, top: Emiliano Piedra, Produccion, Madrid
125, bottom; 127: Elías Querejeta, P.C., Madrid
128, 129: David Mangurian
133: United Fruit Co.
135: Peter Paz
137: Hank Walker, Time/Life Picture Agency
141: *Cambio 16,* Madrid
147–151: United Nations
153: United Press International
154: Photo courtesy The Museum of Modern Art, New York. Reproduced by permission of The Prado, Madrid. © SPADEM, Paris/VAGA, New York, 1982
155: United Press International

Vocabulario

The vocabulary contains all the words that appear in the text except regular verb forms in the present tense. Irregular verb forms are listed alphabetically, not under the infinitive form. Irregular noun plurals are listed. All adjectives appear in the masculine form.

The following abbreviations are used:

abbr	abbreviation
coll	colloquialism
cond	conditional
contr	contraction
f	feminine
f pl	feminine plural
fut	future
imp	imperative
imperf	imperfect
imperf subj	imperfect subjunctive
inf	infinitive
m	masculine
m f	masculine and feminine
m pl	masculine plural
pp	past participle
pluperf subj	pluperfect subjunctive
pres	present
pres part	present participle
pres perf	present perfect
pres perf subj	present perfect subjunctive
pres subj	present subjunctive
pret	preterit
sing	singular

a to; for; in at; toward; from
abandonado (*pp of* **abandonar**) abandoned
abandonar to abandon
abandonarán (*fut of* **abandonar**): (ellos)
   abandonarán (they) will abandon
abandonaron (*pret of* **abandonar**): (ellos)
   abandonaron (they) abandoned
abandonó (*pret of* **abandonar**): (él) abandonó
   (he) abandoned
abanico *m* fan
abierto (*pp of* **abrir**) open
abogado *m* lawyer
abrazar to embrace
abre (tú) (*imp of* **abrir**) (you) open
(se) abre (*pres of* **abrirse**) (it) opens
abril April
abrió (*pret of* **abrir**): (él) abrió (he) opened
absoluto absolute
abstracto abstract
absurdo absurd, ridiculous
abuelo *m* grandfather
abundancia *f* abundance
abundar to be plentiful
abusar (de) to take advantage (of)
acabar to finish; to end up
acabar de to have just
acceso *m* access
accidente *m* accident
acción *f* action
aceituna *f* olive
acento *m* accent
aceptaba (*imperf of* **aceptar**): (él) aceptaba
   (he) used to accept
aceptación *f* acceptance
aceptar to accept
acerca de about, concerning
(se) acercó (*pret of* **acercarse**): (él) se acercó
   (he) drew near
ácido sour
acomodación *f* accommodation
acompañado accompanied
acompañar to accompany
acompañarán (*fut of* **acompañar**); (ellos)
   acompañarán (they) will accompany
acompañe (*pres subj of* **acompañar**) (that
   he) accompany
acordarse de to remember

acostarse to go to bed
acostumbrado used to
acreditar to accredit
actitud *f* attitude
actividad *f* activity
activo active
acto *m* act; action, deed
actor *m* actor
actrices (*sing* **actriz**) *f pl* actresses
actual present, current
actualmente at present, nowadays
actuar to perform
Acuario Aquarius
acuerdo *m* agreement
  estar de acuerdo (con) to agree (with)
  de acuerdo agreed
adaptación *f* adaptation
adaptar to adapt
a. de. J. c. B. C.
adecuadamente suitably
adecuado suitable
(se) adelantaron (*pret of* **adelantarse**): (ellos)
   se adelantaron (they) got ahead
adelanto *m* advance, progress
además besides, moreover
adiós *m* good-bye
adjetivo *m* adjective
administrador *m* administrator
administrar to administrate
admirado admired
admirar to admire
admitir to admit
adobe *m* adobe
adolescente *m* adolescent; teen-ager
adonde where
¿adónde? where?
adopción *f* adoption
adoptar to adopt
adorar to worship; to adore
adulación *f* flattery, adultation
adulto *m* adult
adversario *m* adversary, opponent
aéreo air, aerial
  línea aérea *f* airline
aeropuerto *m* airport
afectar to affect
afecto *m* affection
aficionado fond
afilado sharpened

afirmar to assert
África *f* Africa
africano African
afrontar to confront
afuera outside
agencia *f* agency
agente *m* agent
agitar(se) to shake (oneself)
agosto August
agradable agreeable, pleasant
agradecer to be grateful for
agradezco (*pres of* **agradecer**): **yo agradezco**
    I am grateful for
agregue (usted) (*imp of* **agregar**) (you) add
agresividad *f* aggressiveness
agresivo aggressive
agrícola agricultural
agricultor *m* farmer
agrupar to group
agua *f* water
aguacate *m* avocado
agudo sharp
ahí there
ahora now
aire *m* air, wind
aislar to separate
ajustar to adjust
al (*contr of* **a** + **el**) to the; at the; into the
al + *inf* on, upon
alacrán *m* scorpion
alargar to stretch out
alarma *f* alarm
alarmar to alarm
alcanzar to reach
alcanzó (*pret of* **alcanzar**) (it) reached
alcohol *m* alcohol
alcohólico alcoholic
alegre gay, cheerful
alegría *f* joy, gaiety
Alejandría *f* Alexandria
alemán German
alertar to alert
algo something
alguien somebody, someone
algún some; any
    algún tiempo sometime
alguno some; any
alma *f* soul, spirit
almuerzo *m* lunch

alquilar to rent
alrededor around
alto high; tall; loud
altura *f* altitude
alumbrar to light
alumno *m* student
allá there
allí there
ama *f* mistress
    ama de casa housewife
amaba (*imperf of* **amar**): **yo amaba** I used
    to love
amabilidad *f* kindness
amar to love
ambición *f* ambition
ambicioso ambitious
ambiente *m* environment; atmosphere
ambos both
ame (usted) (*imp of* **amar**) (you) love
América *f* the Americas
América del Sur *f* South America
América Latina *f* Latin America
americano American
amigo *m* friend
amor *m* love
amorío *m* love affair
anacronismo *m* anachronism
análisis *m* analysis
analizar to analyze
ancestral ancestral
anciano old, elderly
andaba (*imperf of* **andar**): **yo andaba** I used
    to walk
andaluces (*sing* **andaluz**) *m pl* Andalusians
Andalucía *f* Andalusia
andando (*pres part of* **andar**) walking
andar to walk
Andes *m pl* Andes (South American
    mountain chain)
angustia *f* anguish
animadamente animatedly
animado lively
animal *m* animal
ánimo *m* courage
aniversario *m* anniversary
anónimo *m* anonymous
ansiedad *f* anxiety
ansioso anxious
antepasado *m* ancestor

anterior previous; earlier; front
antes (de) before
anticipar to anticipate
antiguo ancient, old
antónimo *m* antonym
anual annual
anunciado announced
anunciando (*pres part of* **anunciar**)
  announcing
anunciar to announce
anuncio *m* advertisement
anzuelo *m* fishhook
año *m* year
  a los pocos años in a few years
  a los setenta años at the age of seventy
  el año pasado last year
  tiene cinco años (he) is five years old
  todos los años every year
aparecer to appear
aparecieron (*pret of* **aparecer**): (ellos)
    aparecieron (they) appeared
apareció (*pret of* **aparecer**): (él) **apareció**
  (he) appeared
apartamento *m* apartment
apartar to separate
aparte de aside; besides
apasionado passionate
apenas scarcely, hardly
apetito *m* appetite
aplauso *m* applause
aplicar to apply
apreciablemente appreciably
apreciación *f* appreciation
apreciar to appreciate
aprenda (usted) (*imp of* **aprender**) (you)
  learn
aprender to learn
aprenderá (*fut of* **aprender**): (él) **aprenderá**
  (he) will learn
aprendido (*pp of* **aprender**) learned
  (él) **ha aprendido** (*pres perf of* **aprender**)
  (he) has learned
aprendió (*pret of* **aprender**): (él) **aprendió**
  (he) learned
aprendimos (*pret of* **aprender**): (nosotros)
    aprendimos (we) learned
aprobación *f* approval
apropiado appropriate
aprovechar to utilize

aproximadamente approximately
aproximado approximate
aptitud *f* aptitude
apuesta *f* bet
aquel that
aquello that
aquellos those
aquí here
árbitro *m* judge
árbol *m* tree
arbusto *m* shrub
área *f* (*geometrical*) area; plot of land
arena *f* sand
Argentina *f* Argentina
argentino Argentine
argumento *m* reasoning
Aries Aries
aristócrata *m f* aristocrat
aristocrático aristocratic
arma *f* weapon
  arma de fuego firearm
armado armed
armonía *f* harmony
arqueología *f* archeology
arqueológico archeological
arqueólogo *m* archeologist
arquitecto *m* architect
arreglar to arrange
arregle (usted) (*imp of* **arreglar**) (you)
  arrange
arrestado (*pp of* **arrestar**) arrested
arrestar to arrest
arriesgado risky
arrogante arrogant; haughty
arte *m f* art
artesanía *f* craftsmanship
artículo *m* article
artificial artificial
artista *m f* artist
artísticamente artistically
artístico artistic
ascender to climb
ascendiente *m* ancestor
ascenso *m* ascent; promotion
asegurar to assure; to insure
asesinar to assassinate
asesinato *m* assassination
así thus, in this manner, like this
asiento *m* seat

asignar   to assign
asistentes *m pl*   people attending
asistir   to attend, go to; to assist, help
asistirán (*fut of* asistir): (ellos) asistirán
      (they) will assist, help
asociación *f*   association
asociar   to associate
aspecto *m*   aspect
aspiración *f*   aspiration
astro *m*   star; heavenly body
astrología *f*   astrology
astrólogo *m*   astrologer
asustó (*pret of* asustar): (él) asustó   (he)
      frightened
atacar   to attack
atado (*pp of* atar)   tied (up)
ataque *m*   attack
ataque (usted) (*limp of* atacar)   (you) attack
Atenas   Athens
atención *f*   courtesy
atentamente   attentively
atento   attentive; courteous, polite
Atlántico *m*   Atlantic
atleta *m*   athlete
atmósfera *f*   atmosphere
atracción *f*   attraction
atractivo   attractive
atraer   to attract
atrás   back; behind
atrasado   late; slow
atravesando (*pres part of* atravesar)
      crossing
atravesar   to cross
atribuir   to attribute
atributo *m*   attribute
atril *m*   lectern
aumentar   to increase
aún   still, yet, even
   aún hoy   even today
aunque   though, although, even though
Australia *f*   Australia
auténtico   authentic
auto *m*   car
automático   automatic
autor *m*   author
autoridad *f*   authority
avance *m*   advance, progress
avanzar   to advance
avenida *f*   avenue

aventura *f*   adventure
aventurar   to venture, risk
aventurero   adventurous
avión, –iones *m* (*pl*)   airplane(s)
ayer   yesterday
ayuda *f*   help
ayudando (*pres part of* ayudar)   helping
ayudar   to help
ayudará (*fut of* ayudar): (él) ayudará   (he)
      will help
ayudarías (*cond of* ayudar): tú ayudarías
      (you) would help
ayude (usted) (*imp of* ayudar)   (you) help
ayudó (*pret of* ayudar): (él) ayudó   (he)
      helped
azafata *f*   stewardess
azúcar *m*   sugar
azul   blue
azteca   Aztec

b

bailar   to dance
bailarina *f*   dancer
baile *m*   dance
bajar   to lower
bajo   under; short; low
balcón *m*   balcony
bala *f*   bullet
   a prueba de balas   bulletproof
ballet *m*   ballet
banana *f*   banana
bandada *f*   flock of birds
banquero *m*   banker
banquete *m*   banquet
bañar   to bathe
báñelas (usted) (*imp of* bañar)   (you) bathe
      them
barato   cheap
bárbaro   barbarous, cruel
barco *m*   ship
barrio *m*   neighborhood
basado   based
basarse (en)   to base one's opinion (on)
base *f*   base, basis
bastante   enough; rather
bastar   to suffice
basura *f*   garbage
bata (usted) (*imp of* batir)   (you) beat, whip

batalla *f* battle
batido *m* batter
batir to beat, whip
bautista Baptist
bebé *m* baby
beber to drink
bebida *f* beverage
bebido (*pp of* **beber**) drunk
beca *f* scholarship
belicoso warlike
beligerancia *f* belligerency
belleza *f* beauty
bello beautiful, fair
beneficiar to benefit
beneficio *m* benefit
bestia *f* beast
biblioteca *f* library
bien well; fine; *m* good
bienestar *m* well-being
bigote *m* mustache
bimórfico bimorphic (*having two forms*)
biografía *f* biography
biología *f* biology
biológico biological
blanco white
blasfemar to swear
boca *f* mouth
boda *f* wedding
Bolivia *f* Bolivia
boliviano Bolivian
bolsillo *m* pocket
bomba *f* bomb
bombardeo *m* bombardment
bondad *f* kindness
bondadoso kind, good natured
borde *m* edge
borracho drunk
bosque *m* woods, forest
bota *f* boot
boxeo *m* boxing
Brasil *m* Brazil
brazo *m* arm
brillante brilliant, bright
  poco brillante dull
británico British
broma *f* jest, joke
bronce *m* bronze
brusco abrupt; rude
buen (*contr of* **bueno**) good; kind

¡buen provecho! good appetite
bueno good; kind
burla *f* jest; mockery
burrito *m* little donkey
busca *f* search
busca (tú) (*imp of* **buscar**) (you) look for
buscado looked for
buscar to look for
busque (usted) (*imp of* **buscar**) (you) look for
búsqueda *f* search

C

caballo *m* horse
  montar a caballo to ride horseback
cabello *m* hair
caber to fit
cabeza *f* head
cada each, every
cadáver *m* corpse
caer to fall
café *m* coffee
caja *f* box
cajón *m* crate
calcular to calculate
calendario *m* calendar
calidad *f* quality
caliente hot
calificar to qualify
California *f* California
calma *f* calm, quiet
calmar to calm
calor *m* warmth
calle *f* street
callejero pertaining to the street
cambiado (*pp of* **cambiar**) changed
cambiando (*pres part of* **cambiar**) changing
cambiar to change
cambie (usted) (*imp of* **cambiar**) (you) change
cambio *m* exchange; change
  en cambio on the contrary
caminar to walk
camino *m* road; course
camión *m* truck, van
campanilla *f* bell
campero rustic

campesino *m* farmer; countryman; rustic

campo *m* field; countryside

Canadá *m* Canada

canadiense Canadian

canal *m* channel

Cáncer Cancer

canción *f* song

candidato *m* candidate

cansado tired

cansancio *m* fatigue, weariness

cansar to tire

 cansarse to become tired

cantante *m f* singer

cantar to sing

cantidad *f* quantity

caña *f* cane; reed

 caña de azúcar sugar cane

 caña de pescar fishing pole

capa *f* cape

capaces (*sing* **capáz**) *pl* capable

capacidad *f* ability; capacity

capital *m* capital (*money*)

capital *f* capital (*city*)

capitalismo *m* capitalism

Capricornio Capricorn

capturar to capture

cara *f* face

carácter *m* character; temperament

característica *f* characteristic; trait

característico characteristic

caracterización *f* characterization

(se) ha caracterizado (*pres perf of* **caracterizar**): (it) has been characterized

caracterizar to characterize

carga *f* burden

cargar to load

Caribe *m* Caribbean

caricatura *f* cartoon

cariño *m* affection

carísimo very expensive

carne *f* meat

carnero *m* ram

caro expensive

carpintero *m* carpenter

carrera *f* career

carretera *f* highway

carta *f* letter

casa *f* house; home

 en (*or* **a**) **casa** at home

casado (*pp of* **casar**) married

 me he casado (*pres perf of* **casarse**) I have married

(nos) casamos (*pret of* **casarse**): **nosotros nos casamos** we got married

casarse (con) to get married (to)

cáscara *f* shell

(me) casé (*pret of* **casarse**): **yo me casé** I got married

casi almost

casino *m* casino

casita *f* small house

(se) casó (*pret of* **casarse**): (**él**) **se casó** (he) got married

caso *m* case

 para el caso in case

categoría *f* category; rank

católico Catholic

catorce fourteen

causa *f* cause

causar to cause

cautivo *m* captive

cayéndose (*pret part of* **caerse**) falling down

cayeron (*pret of* **caer**): (**ellos**) **cayeron** (they) fell

cayó (*pret of* **caer**): (**él**) **cayó** (he) fell

caza *f* hunt

 ir de caza to go hunting

cebolla *f* onion

celebrar to celebrate

célebre famous

cementerio *m* cemetery

cemento *m* cement

censo *m* census

centavo *m* cent

centígrado *m* centigrade

centímetro *m* centimeter

central central

centro *m* center; middle

centro infantil day-care center

Centroamérica *f* Central America

cerámico ceramic

cerca near; nearby

 cerca de near; nearly

ceremonia *f* ceremony

 maestro de ceremonias master of ceremonies

cero *m* zero
cerrar to close
cerré (*pret of* cerrar): yo cerré I closed
cerro *m* hill
cerveza *f* beer
cesar to stop, cease
cielo *m* sky
cien (*contr of* ciento) one hundred
ciencia *f* science
  ciencia-ficción *f* science fiction
científico scientific; *m* scientist
ciento one hundred
  por ciento percent
(se) cierra (*pres of* cerrar) (it) closes
cierran (*pres of* cerrar): (ellos) cierran
  (they) close
cierre *m* closing
ciertamente certainly
cierto true; certain
  lo cierto es the fact is
cinco five
cincuenta fifty
  cincuenta y cinco fifty-five
  cencuenta y dos fifty-two
  cincuenta y ocho fifty-eight
cine *m* movie
circular circular
circuló (pret of circular) (it) circulated
circunstancia *f* circumstance
circujano *m* surgeon
cita *f* date; appointment
ciudad *f* city
ciudadano *m* citizen
civil civil
civilización *f* civilization
civilizar to civilize
claramente clearly
claridad *f* clarity
clarín *m* bugle
claro clear; light
clase *f* class
  sala de clase schoolroom
clásico classical
clasificación *f* classification
clérigo *m* cleric
clima *m* climate
club *m* club
cobre *m* copper

cocer to boil; to cook
cocina *f* kitchen; cuisine
coco *m* coconut
coche *m* car
  coche deportivo *m* sports car
coger to catch
cola *f* tail
colaboración *f* collaboration
colaborador *m* collaborator; to take
colaborar to collaborate
colección *f* collection
colectivo collective
colgar to hang
colocar to put; to place
Colombia *f* Colombia
colombiano Colombian
colonia *f* colony
colonial colonial
color *m* color
colorido *m* color
columna *f* column
combate *m* combat, battle, fight
combatir to combat
combinación *f* combination
combine (usted) (*imp of* combinar) (you)
  combine
comedia *f* comedy
comencé (*pret of* comenzar): yo comencé I
  began
comentar to comment
comentario *m* commentary
comenzando (*pres part of* comenzar:
  beginning
comenzar to begin
comenzaron (*pret of* comenzar): (ellos)
  comenzaron (they) began
comenzó (*pret of* comenzar): (él) comenzó
  (he) began
comer to eat
comercial commercial
  marca comercial brand
cometa *f* kite
cometer to commit
cometido committed
cómico comical, funny, amusing
comida *f* food, meal
comienza (*pres of* comenzar): (él) comienza
  (he) begins

comienzo *m* beginning

comienzo (*pres of* **comenzar**): **yo comienzo** I begin

comité *m* committee

comimos (*pret of* **comer**): **(nosotros) comimos** (we) ate

como like; as; since

¿cómo? how?

cómodo comfortable

compañero *m* companion; mate

  compañero de trabajo co-worker

compañía *f* company

  en compañía de with

comparable comparable

comparación *f* comparison

comparado compared

comparten (*pres of* **compartir**): **(ellos) comparten** they share

compasivo compassionate

compatible compatible

compatriota *m f* fellow countryman

competir to compete

complementar to complement

completado (*pp of* **completar**) completed

completamente completely

completo complete

complicación *f* complication

complicado complicated

componer to compose

  componerse de to be composed of

compositor *m* composer (of music)

comprado (*pp of* **comprar**) bought

comprar to buy, purchase

compraron (*pret of* **comprar**): **(ellos) compraron** (they) bought

comprender to understand

  (él) haya comprendido (*pres perf subj of* **comprender**) (he) has understood

comprendí (*pret of* **comprender**): **(yo) comprendí** (I) understood

comprensión *f* understanding; comprehension

comprensivo understanding

compró (*pret of* **comprar**): **(él) compró** (he) bought

comprobar to prove

compuesto (*pp of* **componer**) composed

computaban (*imperf of* **computar**): **(ellos)**

computaban (they) used to compute; computed

computar to compute

común common

comunicación *f* communication

comunicar to communicate

comunidad *f* community

con with

  con que with which

concentración *f* concentration

concepto *m* concept

concibieron (*pret of* **concebir**): **(ellos) concibieron** (they) conceived

conciencia *f* consciousness; conscience

concierto *m* concert

conclusión *f* conclusion

concordancia *f* agreement

concreto concrete

concha *f* seashell

conde *m* count

condición *f* condition

conducir to drive (an automobile)

conducta *f* conduct, behavior

conferencia *f* conference

confianza *f* confidence

confidencia *f* confidential information

confín *m* boundary

confirmaron (*pret of* **confirmar**): **(ellos) confirmaron** (they) confirmed

confirmativo confirming

conflictivo conflictive

conflicto *m* conflict

conformismo *m* conformism

confort *m* comfort, ease

confusión *f* confusion

congas *f pl* congas

conjunto *m* whole, entirety; range

conmigo with me

conocer to know; to become acquainted with

conocerá (*fut of* **conocer**): **(él) conocerá** (he) will know; will become acquainted with

conocí (*pret of* **conocer**): **yo conocí** I knew

conocía (*imperf of* **conocer**): **(él) conocía** (he) used to know; knew

conocido well-known

conocimiento *m* knowledge

conozco (*pres of* **conocer**): (**yo**) **conozco** (I)
know

conquista *f* conquest

conquistado conquered

conquistador *m* conqueror

conquistando conquering

consciente conscious

consecuencia *f* consequence

conseguir to obtain

conseguirá (*fut of* **conseguir**): (**él**) **conseguirá**
(he) will obtain

conservación *f* conservation

conservador conservative

conservar to conserve

conserve (*pres subj of* **conservar**) (that it)
conserve

conservó (*pret of* **conservar**): (**él**) **conservó**
(he) conserved

consideraban (*imperf of* **considerar**): (**ellos**)
consideraban (they) used to consider;
considered

consideración *f* consideration

considerar to consider

consigo with himself

consistir (**en**) to consist (of)

consolidar to consolidate

constante constant

constantemente constantly

consternó (*pret of* **consternar**): (**él**)
consternó (he) distressed

constituyen (*pres of* **constituir**): (**ellos**)
constituyen (they) constitute

construcción *f* construction; building

construir to construct, build

construirán (*fut of* **construir**): (**ellos**)
construirán (they) will build

construye (*pres of* **construir**): (**él**) **construye**
(he) builds

consultar to consult

consumir to consume

consumo *m* consumption

contaba (*imperf of* **contar**): used to tell;
used to have

contacto *m* contact

contar to count; to relate, tell; to
have

contaron (*pret of* **contar**): (**ellos**) **contaron**
(they) told, related

contemplación *f* meditation

contemplar to contemplate

contemporáneo contemporary

contendiente *m* contestant

contenían (*imperf of* **contener**): (**ellos**)
contenían (they) used to contain;
contained

contenido *m* content

contenido (*pp of* **contener**) contained

contento contented; happy

contestación *f* answer

contestar to answer, reply

conteste (**usted**) (*imp of* **contestar**) (you)
answer

contesté (*pret of* **contestar**): **yo contesté** I
answered

contiene (*pres of* **contener**): (**él**) **contiene**
(he) contains

contienen (*pres of* **contener**): (**ellos**)
contienen (they) contain

continente *m* continent

continuar to continue

continuará (*fut of* **continuar**): (it) will
continue

continuo continuous

contra against

contrario opposite

contraste *m* contrast

contrato *m* contract

contribución *f* contribution

contribuir to contribute

contribuyó (*pret of* **contribuir**): (**él**)
contribuyó (he) contributed

control *m* control

controlar to control

controversial controversial

convencer to convince

convención *f* convention

convencional conventional

convenga (*pres subj of* **convenir**) (it) is
appropriate

conveniente suitable

conversación *f* conversation

conversar to converse

convertido (*pp of* **convertir**) converted

convertir to convert

convierta (**usted**) (*imp of* **convertir**) (you)
convert

convierte (*pres of* **convertir**): (**él**) **convierte**
(he) converts

convirtieron (*pret of* **convertir**): **(ellos) convirtieron** (they) converted
convirtió (*pret of* **convertir**): **(él) convirtió** (he) converted
cooperativa *f* cooperative
copito de nieve *m* little snowflake
coraje *m* courage
corazón *m* heart
cordel *m* cord
cordial cordial
corporación *f* corporation
correcto correct
correr to run
corrían (*imperf of* **correr**): (there) used to run
correspondencia *f* correspondence
corresponder to correspond, match
corrida de toros *f* bull fight
corriendo (*pres part of* **correr**): running
corrige (*pres of* **corregir**): **(él) corrige** (he) corrects
corrija (usted) (*imp of* **corregir**) (you) correct
cortar to cut
cortesía *f* courtesy, politeness
corto short
cosa *f* thing
coser to sew
costa *f* coast
costará (*fut of* **costar**) (it) will cost
costaría (*cond of* **costar**) (it) would cost
costo *m* cost
costumbre *f* custom
cotidiano daily
creación *f* creation
creado created
creador *m* creator
crear to create
crearon (*pret of* **crear**): **(ellos) crearon** (they) created
creatividad *f* creativity
creativo creative
crecer to grow
crecimiento *m* growth; expansion
creer to believe; to think
creí (*pret of* **creer**): **yo creí** I believed
crema *f* cream
creó (*pret of* **crear**): **(él) creó** (he) created
creyente *m* believer

creyó (*pret of* **creer**): **(él) creyó** (he) believed
cría (tú) (*imp of* **críar**) (you) raise
crianza *f* breeding
criminal *m f* criminal
crisis *f* crisis
cristal *m* crystal; glass
Cristo *m* Christ
Cristóbal Colón Christopher Columbus
crítica *f* criticism
crítico *m* critic
crítico critical
crónica *f* chronicle
cruce *m* crossroad
cruces (*sing* **cruz**) *f pl* crosses
crucigrama *m* crossword puzzle
cruel cruel
cruzar to cross
cruzó (*pret of* **cruzar**): (it) crossed
cuadro *m* picture; painting
cual which
¿cuál? what? which?
cuales which
¿cuáles? which ones?
cualidad *f* quality
cualquier anyone, any
cuando when
¿cuánto? how much? how many?
cuarenta forty
  cuarenta y cinco forty-five
  cuarenta y un forty-one
  cuarenta y cuatro forty-four
  cuarenta y dos forty-two
  cuarenta y ocho forty-eight
cuarto *m* room; fourth
cuatro four
Cuba *f* Cuba
cubano Cuban
cubierto (*pp of* **cibrir**) covered
cubismo *m* cubism
cubista *m f* cubist
cubrir to cover
cuchara *f* spoon
cuenta (*pres of* **contar**): **(él) cuenta** (he) relates, tells
cuente (usted) (*imp of* **contar**) (you) tell
cuento *m* story, tale
cuerpo *m* body
cuervo *m* raven

cuesta (*pres of* **costar**) (it) costs
cuidado *m* care
cuidadosamente carefully
cuidadoso careful
cuidando (*pres part of* **cuidar**): taking care
of
cuidar to take care of
culpable guilty
culto cultured
cultura *f* culture
cultural cultural
cumbre *f* summit
cuota *f* quota
cúpula *f* cupola, dome
curador *m* caretaker
curioso curious
curso *m* course (of study)
cuyo whose, of which

ch

cheque *m* check
chica *f* girl
chicano *m* Mexican-American
chico *m* child, youngster
chico small
chicha *f* popular alcoholic beverage
chichería *f* store where chicha is sold
Chile *m* Chile
chileno Chilean
chiste *m* joke
chocolate *m* chocolate

d

daban (*imperf of* **dar**): (ellos) **daban** (they)
used to give; gave
dado (*pp of* **dar**) given
dando (*pres part of* **dar**) giving
dañino harmful
daño *m* harm
dar to give
  dar a conocer to make known
  dar la gana to feel like
  dar las gracias to thank
  darle los santos óleos to administer (to
    him) Extreme Unction (last rites)
  darse cuenta de (que) to realize (that)
dará (*fut of* **dar**): (él) **dará** (he) will give

d. de J. C. A. D.
de from; of; with; about; for; in; than
  de repente suddenly
dé (usted) (*imp of* **dar**) (you) give
debajo de under
debate *m* debate
debatir to debate
(se) debe a is due to
deber to owe; to have to
deberá (*fut of* **deber**): (él) **deberá** (he) will
have to
debería (*cond of* **deber**): (él) **debería** (he)
ought to, should, would have to
debían (*imperf of* **deber**): (ellos) **debían**
(they) should
debido (*pp of* **deber**) had to
débil weak
decadencia *f* decadence
decidí (*pret of* **decidir**): (yo) **decidí** (I)
decided
decidido decided
decidieron (*pret of* **decidir**): (ellos)
  decidieron (they) decided
decidir to decide
decidirá (*fut of* **decidir**): (él) **decidirá** (he)
will decide
decir to say, tell; to speak
  es decir that is to say
decisión *f* decision
decisivo decisive
declarado (*pp of* **declarar**) declared
dedicación *f* dedication
dedicado dedicated, devoted
dedicando (*pres part of* **dedicarse**):
  dedicating, devoting
dedicarse to devote oneself
dedicó (*pret of* **dedicar**): (él) **dedicó** (he)
devoted, dedicated
dedo *m* finger; toe
deducir to deduce
defecto *m* defect
defender to defend
defensa *f* defense
deficiencia *f* deficiency
deficiente deficient *m f* handicapped
defienda (usted) (*imp of* **defender**) (you)
defend
defiende (*pres of* **defender**): (él) **defiende**
(he) defends

definido definite

definitivamente definitely

definitivo conclusive; definitive
  en definitiva in conclusion

deformar to deform

degradar to degrade

dejaba (*imperf of* **dejar**): (**él**) **dejaba** (he)
  used to let; used to permit

dejad (**vosotros**) (*imp of* **dejar**) (you)
  permit

dejado (*pp of* **dejar**) left; let

dejar to leave; to let, permit
  dejar de to stop

dejaron (*pret of* **dejar**): (**ellos**) **dejaron**
  (they) left; (they) let

dejé (*pret of* **dejar**): (**yo**) **dejé** (I) left (I) let

déjenos (*imp of* **dejar**) let us

dejó (*pret of* **dejar**): (**él**) **dejó** (he) left

del (*contr of* **de + el**) of the; from the

delante dc in front of

delgado thin; skinny

delicado delicate; touchy

delicia *f* delight

demás other
  los demás others; the others

demasiado too much

democrático democratic

demográfico demographic

demostración *f* demonstration

demostrado demonstrated

demostrar to demonstrate; to prove

demuestra (*pres of* **demostrar**) (it)
  demonstrates; proves

demuestre (**usted**) (*imp of* **demostrar**) (you)
  demonstrate

dentro inside

depender (**de**) to depend (on)

dependiente dependent

deporte *m* sport

deportivo sport; athletic

deprisa quickly

derecho right

(se) deriva (*pres of* **derivarse**): (it) derives

derrotó (*pret of* **derrotar**): (**él**) **derrotó** he
  defeated

desagradable unpleasant

desaparecer to disappear

desaparecido (*pp of* **desaparecer**)
  disappeared; hidden

desarrollando (*pres part of* **desarrollar**):
  developing

desarrollar (**se**) to develop

desarrollo *m* development
  en desarrollo under development

desayuno *m* breakfast

descansar to rest

descargar to discharge

descender to descend; to go down

descendiente *m f* descendant

descifrar to decipher

descifre (**usted**) (*imp of* **descifrar**) (you)
  decipher

desconcentrar deconcentrate

desconocido unknown

describa (**usted**) (*imp of* **describir**) (you)
  describe

describir to describe

descripción *f* description

descubierto (*pp of* **descubrir**) discovered

descubrieron (*pret of* **descubrir**): (**ellos**)
  descubrieron (they) discovered

descubrimiento *m* discovery

descubrió (*pret of* **descubrir**): (**él**) **descubrió**
  (he) discovered

descubrir to uncover; to discover

descuentan (*pres of* **descontrar**): (**se**)
  descuentan are deducted

desde since; from

deseable desirable

desear to want, desire

desembarcaron (*pret of* **desembarcar**): (**ellos**)
  desembarcaron (they) disembarked

desempeñar (**un papel**) to play (a role)

desempleo *m* unemployment

desengaño *m* disillusion

desenterrar to dig-up

deseo *m* desire, wish

desesperación *f* desperation

desfigurado disfigured

desheredado underprivileged

desierto *m* desert

desierto (*pp of* **desertar**) deserted

desilusión *f* disillusion; disappointment

deslumbrar to dazzle

desnivelar to make uneven

desolación *f* anguish

desorientar to confuse

despedida *f* farewell

despedido (*pp of* **despedir**) bid farewell
  (él) ha despedido (*pres perf of* **despedir**)
    (he) has bid farewell
despedirse (de) to take leave (of)
despertar to wake up
desperté (*pret of* **despertar**): **yo desperté** I
    awakened, woke up
después later, then
  después de after
destacarse to stand out
destrucción *f* destruction
destruido (*pp of* **destruir**) destroyed
destruyen (*pres of* **destruir**): **(ellos)**
    destruyen (they) destroy
detener to detain
determinación *f* determination
determinar to determine
determinó (*pret of* **determinar**): **(él)**
    determinó (he) determined
detrás (de) behind
día *m* day
  al día per day
  hoy día nowadays
  todo el día all day long
  todos los días every day
diámetro *m* diameter
diariamente daily
diario *m* newspaper, diary; daily
dibujar to sketch
dice (*pres of* **decir**): **(él) dice** (he) says
diciembre December
diciendo (*pres part of* **decir**) saying
diecinueve nineteen
dieciocho eighteen
dieciséis sixteen
diecisiete seventeen
diente *m* tooth
  ojo por ojo y diente por diente an eye
    for an eye and a tooth for a tooth
dieta *f* diet
  hacer una dieta to diet
diez ten
  el diez por ciento ten percent
  las diez y media ten thirty
diferencia *f* difference
diferente different
difícil difficult
dificultad *f* difficulty
diga (usted) (*imp of* **decir**) (you) say; tell

dignidad *f* dignity
digno worthy; honorable
digo (*pres of* **decir**): **yo digo** I say
dijeron (*pret of* **decir**): **(ellos) dijeron** (they)
    said
dijiste (*pret of* **decir**): **tú dijiste** you said
dijo (*pret of* **decir**): **(él) dijo** (he) said
dilema *m* dilemma
dimensión *f* dimension
dílo (tú) (*imp of* **decir**) (you) tell it
diploma *m* diploma
dinamita *f* dynamite
dinero *m* money
dio (*pret of* **dar**): **(él) dio** (he) gave
dio a conocer made known
dios *m* god
diplomático diplomatic; *m* diplomat
dirás (*fut of* **decir**): **tú dirás** you will say
dirección *f* direction; tend; guidance;
    address; advice
  bajo la dirección under the direction
directamente directly
directo direct
director *m* director; editor (of a
    newspaper)
dirigí (*pret of* **dirigir**): **(yo) dirigí** (I)
    directed
dirigente *m* leader
dirigieron (*pret of* **dirigir**): **(ellos) dirigieron**
    (they) directed
dirigir to direct; to command
disciplina *f* discipline
disciplinado disciplined
disco *m* (phonograph) record
discordante discordant
discriminación *f* discrimination
discriminado discriminated
discriminatorio discriminatory
discurso *m* speech
discusión *f* discussion
discuta (usted) (*imp of* **discutir**) (you)
    discuss
discutían (*imperf of* **discutir**): **(ellos)**
    discutían (they) used to discuss;
    discussed
discutido discussed
discutir to discuss
diseminar to spread
diseño *m* design

disfrutar   to enjoy; to benefit by

disputa *f*   dispute

disputar   to dispute

distancia *f*   distance

distinción *f*   distinction

distinguido   distinguished

distinguir   to distinguish

distinto   different

distribución *f*   distribution

distribuidor *m*   distributor

distribuir   to distribute

distribuye (*pres of* **distribuir**): (**él**) **distribuye** (he) distributes

distrito *m*   district

diversión *f*   amusement

diverso   different

(**se**) **divertía** (*imperf of* **divertirse**): (**él**) **se divertía**   (he) used to have a good time

divertido   amusing

divertir   to amuse

  divertirse   to have a good time; to enjoy oneself

dividir   to divide

(**se**) **divierten** (*pres of* **divertirse**): (**ellos**) **se divierten**   (they) have a good time

divino   divine

  (**El**) **Divino**   the Divine One

(**se**) **divirtieron** (*pret of* **divertirse**): (**ellos**) **se divirtieron**   (they) had a good time

división *f*   division

(**me**) **divorcié** (*pret of* **divorciarse**): **yo me divorcié**   I was divorced

divorcio *m*   divorce

doble   double

doce   twelve

doctor *m*   doctor

documental *f*   documentary

documento *m*   document

dólar *m*   dollar

dolor *m*   pain; grief

dominado (*pp of* **dominar**)   mastered

  (**él**) **ha dominado** (*pres perf of* **dominar**)   (he) has mastered

dominante   domineering

dominar   to master; to dominate

dominarán (*fut of* **dominar**): (**ellos**) **dominarán**   (they) will dominate

domingo *m*   Sunday

dominicano   Dominican

donde   where

¿dónde?   where?

dorado   golden

dormido   asleep

dormir   to sleep

dormirá (*fut of* **dormir**): (**él**) **dormirá**   (he) will sleep

dormitorio *m*   bedroom

dos   two

doscientos   two hundred

drama *m*   drama

dramático   dramatic

dramaturgo *m*   playwright

dromedario *m*   dromedary

duda *f*   doubt

dudar   to doubt

duerme (*pres of* **dormir**): (**él**) **duerme**   (he) sleeps

dulce *m*   candy

duración *f*   duration

durante   during

durar   to last; to endure

duraron (*pret of* **durar**): (**ellos**) **duraron**   (they) lasted

duro   hard; cruel

duró (*pret of* **durar**)   (it) lasted

(**se**) **durmieron** (*pret of* **dormirse**): (**ellos**) **se durmieron**   (they) went to sleep

e

e   and (*before words beginning with* i *or* y)

economía *f*   economy

económico   economic

ecuador *m*   equator

Ecuador *m*   Ecuador

ecuatorial   equatorial

edad *f*   age

edificio *m*   building

editor *m*   publisher

editorial *f*   publishing house; publishing

educación *f*   education; bringing-up

educado   educated

educar   to educate

efectivo   effective

efecto *m*   effect

Egipto *m*   Egypt

egoísmo *m*   selfishness

egoísta   selfish; egotistical

ejecutar to execute

ejemplar *m* model; sample; copy (of a book)

ejemplo *m* example

ejercicio *m* exercise

el *m* the
  el de that of
  el que (that) which

él he
  él mismo (he) himself

elección *f* election

electricidad *f* electricity

eléctrico electric(al)

electrónica *f* electronics

elegancia *f* elegance

elegante elegant

elegir to choose

elemento *m* element

elevación *f* height

elevado (*pp of* **elevar**) raised

elevar to elevate, raise
  elevarse to take off, ascend

eliminación *f* elimination

ella she; her
  ella misma (she) herself

ello it

ellos they; them

embajada *f* embassy

emergencia *f* emergency

emigración *f* emigration

emigrando (*pres part of* **emigrar**) emigrating

emigrante *m f* emigrant

emigrar to emigrate

emigrarán (*fut of* **emigrar**): (ellos) **emigrarán** (they) will emigrate

emoción *f* emotion

empecé (*pret of* **empezar**): **yo empecé** I began

emperador *m* emperor

empezaban (*imperf of* **empezar**): (ellos) **empezaban** (they) used to begin

empezamos (*pret of* **empezar**): **nosotros empezamos** we began

empezar to begin

empezaron (*pret of* **empezar**): (ellos) **empezaron** (they) began

empezó (*pret of* **empezar**): (él) **empezó** (he) began

empiece (*pres subj of* **empezar**) (that he) begin

empieza (*pres of* **empezar**): (él) **empieza** (he) begins

empiezan (*pres of* **empezar**): (ellos) **empiezan** (they) begin

empleado employed; *m* employee

emplear to use

empleo *m* job

empresario *m* manager

en in, into; on; at

en vez de instead of

enamorado in love

encantado delighted
  encantado de haberlo conocido delighted to have met you

encerraban (*imperf of* **encerrar**): (ellos) **encerraban** (they) used to contain

encerrar to contain

encima over; on top
  por encima de above

encontrado (*pp of* **encontrar**) found

encontramos (*pret of* **encontrar**): **nosotros encontramos** we found

encontrar to find; to meet

encontraron (*pret of* **encontrar**): (ellos) **encontraron** (they) found

encontré (*pret of* **encontrar**): **yo encontré** I found; met

encontró (*pret of* **encontrar**): (él) **encontró** (he) found

encuentra (*pres of* **encontrar**): (él) **encuentra** (he) finds

encuentro *m* encounter

enemigo *m* enemy

energía *f* energy

enérgico energetic

enero January

enfermedad *f* disease

enfermera *f* nurse

enfermo sick, ill; dim light

enfriar to cool

enorme enormous

enriquecido enriched

ensayo *m* rehearsal

enseñado taught; shown

enseñanza *f* education

enseñar to teach

entiende (*pres of* **entender**): (**él**) **entiende** (he) understands

enterrar   to bury

entonces   then

entrada *f*   entrance; admission ticket

entrar   to enter

entraron (*pret of* **entrar**): (**ellos**) **entraron** (they) entered

entre   among, between

entrega *f*   presentation

entrenador *m*   trainer

entrenamiento (*coll*) *m*   training

entrenar (*coll*)   to train

entrevista *f*   interview

entrevistado   interviewed; *m* person interviewed

entró (*pret of* **entrar**): (**él**) **entró**   (he) entered

entusiasmado   enthusiastic

entusiasmar   to excite, enthuse

entusiasmo *m*   enthusiasm

enviar   to send

enviaron (*pret of* **enviar**): (**ellos**) **enviaron** (they) sent

envidia *f*   envy

envolver   to wrap

envuelto (*pp of* **envolver**)   wrapped

envuélvelas (**tú**) (*imp of* **envolver**)   (you) wrap them

episodio *m*   episode

época *f*   era

equilibrio *m*   equilibrium, balance

equivalente   equivalent

equivaler   to be equivalent

equivocarse   to be mistaken

era *f*   era, age

era (*imperf of* **ser**): (**él**) **era**   (he) used to be; was

eres (*pres of* **ser**): **tú eres**   you are

erradicar   to eradicate

error *m*   error

es (*pres of* **ser**): (**él**) **es**   (he) is

es decir   that is to say

esa *f*   that

escala *f*   step

escalado   scaled

escalé (*pret of* **escalar**): (**yo**) **escalé**   (I) scaled

escalera *f*   stairs, staircase; ladder

escapaba (*imperf of* **escapar**): (**él**) **escapaba** (he) escaped; ran away

escapado (*pp of* **escapar**)   escaped

escapar(se)   to escape; to run away

escaparé (*fut of* **escapar**): **yo escaparé**   I will escape

escapaste (*pret of* **escapar**): **tú escapaste** you ran away

escapó (*pret of* **escapar**): (**él**) **escapó**   (he) ran away

escena *f*   stage; scene

escéptico *m*   skeptic

esclavo *m*   slave

escoger   to choose

escogido (*pp of* **escoger**)   chosen

escolar   scholastic

Escorpión   Scorpio

escriba (**usted**) (*imp of* **escribir**)   (you) write

escribió (*pret of* **escribir**): (**él**) **escribió**   (he) wrote

escribir   to write

escrito (*pp of* **escribir**)   written

escritor *m*   writer

escuela *f*   school

  escuela superior   high school

escuchar   to listen

escultor *m*   sculptor

escultura *f*   sculpture

ese *m*   that

esencia *f*   essence

esencial   essential

esfuerzo *m*   effort

eso   that

esos   those

espacio *m*   space

España *f*   Spain

español *m*   Spaniard

español   Spanish

  de habla española   Spanish-speaking

especial   special

especialista *m f*   specialist

especialización *f*   specialization

especializado   specialized

especializar   to specialize

especialmente   especially

especie *f*   species; kind

específicamente   specifically

específico   specific

espectacular   spectacular

espectáculo *m* spectacle, show

espectador *m* spectator

esperaba (*imperf of* **esperar**): (**él**) **esperaba**
(he) used to wait (for); expected

esperanza *f* hope

esperar to wait (for); to hope; to expect
esperar que sí to hope so, hope it is

espíritu *m* spirit

espiritual spiritual

espolón *m* spur

espontaneidad *f* spontaneity

esposa *f* wife

esposo *m* husband

esqueleto *m* skeleton

esquema *m* scheme

esta this

ésta this one; the latter

estaba (*imperf of* **estar**): (**él**) **estaba** (he)
used to be; was

estábamos (*imperf of* **estar**): **nosotros**
estábamos we used to be; we were

establecer to establish

establecimiento *m* establishment

estación *f* station; season

estadística *f* statistics

estado *m* state; condition

estado (*pp of* **estar**) been

Estados Unidos *m pl* United States

estallar to explode

estalló (*pret of* **estallar**) (it) exploded

estaño *m* tin

estar to be

estará (*fut of* **estar**): (**él**) **estará** (he) will be

estaría (*cond of* **estar**): (**él**) **estaría** (he)
would be

estatura *f* stature, height

este *m* east

este this

éste this one

estilo *m* style

estimar to value; to esteem

estimular to stimulate

estímulo *m* stimulation

esto this

estómago *m* stomach

estoy (*pres of* **estar**): **yo estoy** I am

estrella *f* star

estricto strict

estructura *f* structure

estudiando (*pres part of* **estudiar**) studying

estudiante *m f* student

estudiar to study

estudiará (*fut of* **estudiar**): (**él**) **estudiará**
(he) will study

estudiaron (*pret of* **estudiar**): (**ellos**)
estudiaron (they) studied

estudié (*pret of* **estudiar**: **yo estudié** I
studied

estudio *m* study; studio

estúpido stupid

estuviera (*pres sub of* **estar**) (that he) be

estuvieron (*pret of* **estar**): (**ellos**) **estuvieron**
(they) were

estuvo (*pret of* **estar**): (**él**) **estuvo** (he) was

etcétera (*abbr* **etc.**) et cetera

etéreo heavenly

eterno eternal

etnólogo *m* ethnologist

eufórico euphoric

Europa *f* Europe

europeo European

evaluado evaluated

evasión *f* evasion

evidencia *f* evidence

evidente evident

evitar to avoid

evitó (*pret of* **evitar**): (**él**) **evitó** (he)
avoided

evocar to evoke

evolución *f* evolution

evolucionar to evolve

exactamente exactly

exactitud *f* exactness

exacto exact; precise

exaltación *f* exaltation

examen *m* examination

examinar to examine

excavación *f* excavation

exceder to exceed

excelente excellent

excentricidad *f* eccentricity

excéntrico eccentric

excepción *f* exception

excepcional exceptional, unusual

exceptuar to except, exempt

exceso *m* excess

excitando (*pres part of* **excitar**) exciting

excitante exciting

excitar(se) to become excited

exclamó (*pret of* **exclamar**): **(él) exclamó** he exclaimed

exclusiva *f* exclusive right

exigir to demand

exhibición *f* exhibition

exhibir to exhibit

exilio *m* exile

existía (*imperf of* **existir**) (it) used to exist

existió (*pret of* **existir**) (it) existed

existir to exist

éxito *m* success

   tener éxito to be successful

éxodo *m* exodus

expandir(se) to spread

expectación *f* expectation

expedición *f* expedition

experiencia *f* experience

experto *m* expert

experto expert

explicado explained

explicar to explain

explicarán (*fut of* **explicar**): **(ellos)** **explicarán** (they) will explain

explique (usted) (*imp of* **explicar**) (you) explain

explosión *f* explosion

explosivo explosive

expresado expressed

expresivo expressive

expresaban (*imperf of* **expresar**): **(ellos)** **expresaban** (they) used to express

expresar(se) to express (oneself)

expresión *f* expression

expresó (*pret of* **expresar**) (it) expressed

exquisito exquisite; delicious

extender to spread

exterior *m* exterior; outward appearance; abroad

exteriormente outwardly

extienden (*pres of* **extender**): **(ellos)** **extienden** (they) extend

extinción *f* extinction

extinto extinct

extra extra

extraer to extract

extranjero *m* foreign person; abroad

extranjero foreign

extraño strange

extraordinario extraordinary

   horas extraordinarias overtime

extravagancia *f* extravagance

extravagante eccentric; unusual

extremadamente extremely

Extrema Unción *f* Extreme Unction

extremista extremist

extremo extreme

f

fábrica *f* factory

fabricado made

fabricante *m* manufacturer

fabricar to make, manufacture; to fabricate, devise

fabuloso fabulous

fácil easy

facilidad *f* ease

fácilmente easily

factor *m* factor

Fahrenheit Fahrenheit

falso false

falta *f* lack; absence

faltaba (*imperf of* **faltar**) (it) used to lack

fama *f* fame

familia *f* family

familiar familiar; domestic; *m f* relative

familiarizar(se) to become familiar (with)

famoso famous

fantasía *f* imagination; fantasy

farero *m* lighthouse keeper

faro *m* lighthouse

fascinante fascinating

fatiga *f* fatigue, weariness

fatigar to tire

favor *m* favor

   a favor in favor

favorable favorable

favorecido (*pp of* **favorecer**) favored

   (él) ha favorecido (*pres perf of* **favorecer**) (he) has favored

favorito favorite

febrero February

fecha *f* date

federal federal

felicitación *f* congratulations

feliz happy

femenino feminine

feminismo *m* feminism
feminista *f* feminist
fenómeno *m* phenomenon
feo ugly
fermentar to ferment
ferozmente fiercely
fertilizante *m* fertilizer
fibra *f* fiber
ficción *f* fiction
  ciencia-ficción *f* science fiction
fiebre *f* fever
fiesta *f* holiday
  los días de fiesta holidays
figura *f* figure
fijar to establish; to fix
filosofía *f* philosophy
fin *m* end; intention
  fin de semana *m* weekend
  por fin finally
finalizar to end
finalmente finally; in the end
finanzas *f pl* finances
fino fine
firme firm
físico physical
flauta flute
flor *f* flower
Florida *f* Florida
forma *f* form; method; manner
formación *f* formation; bringing-up
formado (*pp of* **formar**) formed
formalidad *f* formality
formar to form
forme (usted) (*imp of* **formar**) (you) form
formidable formidable
fórmula *f* formula
fortuna *f* fortune
forzar to force
foto (*coll*) *f* photograph
fotografía *f* photograph
fracturar to fracture
frágil fragile
fragmento *m* fragment
francés *m* French (*language*)
francés French
franco frank, open
frecuencia *f* frequency
  con frecuencia frequently
frecuentemente frequently

frente *m* front
  en frente de in front of
  frente a facing
fresco fresh
frío *m* cold (*temperature*)
frío cold; indifferent
frivolidad *f* frivolity
frontera *f* frontier, border
frustrado frustrated
fruta *f* fruit
fue (*pret of* **ir**): **(él) fue** (he) went; **se fue** he left
fue (*pret of* **ser**): **(él) fue** (he) was
fuera outside
  fuera de outside of
fueron (*pret of* **ir**): **(ellos) fueron** (they) went; **se fueron** they left
fueron (*pret of* **ser**): **(ellos) fueron** (they) were
fuerte strong
fuertemente strongly
fuerza *f* force; power
  Fuerza Aérea *f* Air Force
fui (*pret of* **ir**): **yo fui** I went
fui (*pret of* **ser**); **yo fui** I was
fuimos (*pret of* **ir**): **nosotros fuimos** we went; **nos fuimos** we left
funcionar to function
fundamental fundamental
fundamentalmente fundamentally
furia *f* fury
fusilar to shoot
futuro *m* future

g

gaceta *f* gazette
gallera *f* cockfight ring
gallo *m* rooster
gana *f* desire
  dar la gana to feel like
ganaba (*imperf of* **ganar**): **(él) ganaba** (he) used to earn
ganador *m* winner
ganar to earn; to win
ganaron (*pret of* **ganar**): **(ellos) ganaron** (they) won
ganó (*pret of* **ganar**): **(él) ganó** (he) won
gasolina *f* gasoline

gastar   to waste; to spend
gasto *m*   expense
gaviota *f*   seagull
Géminis   Gemini
general *m*   general
general   general
generalmente   generally
generosamente   generously
generosidad *f*   generosity
generoso   generous
genio *m*   genius
gente *f*   people
geografía *f*   geography
geográfico   geographic
gerente *m f*   manager
gesto *m*   gesture
gigantesco   gigantic
gloria   glory
gobernar   to govern
gobierno *m*   government
golfo *m*   gulf
  golfo de México   Gulf of Mexico
golpe *m*   blow; hit
gordo   fat
gorila *m*   gorilla
gozar   to enjoy
gracias *f*   thanks
graderías *f pl*   bleachers
grado *m*   degree
graduar(se)   to graduate
(me) gradué (*pret of* **graduarse**)   I graduated
(se) graduaron (*pret of* **graduarse**)   they graduated
gramo *m*   gram
gran (*contr of* **grande**)   great; large
Gran Bretaña *f*   Great Britain
grande   large; great
grandeza *f*   greatness; grandeur
grasa *f*   fat, grease
  grasa vegetal *f*   vegetable fat
gratis   gratis, free
gratitud *f*   gratitude
grave   serious
Grecia *f*   Greece
gris *m*   grey
gritar   to shout
grito *m*   shout, cry
grosor *m*   thickness
grupo *m*   group

guardar   to keep; to guard
guardia *f*   guard
Guatemala *f*   Guatemala
guatemalteco   Guatemalan
gubernativo   governmental
guerra *f*   war
  Guerra Civil   Civil War
guión *m*   script
guitarra *f*   guitar
gustaba (*imperf of* **gustar**)   (it) used to be pleasing; pleased
gustar   to be pleasing
gustará (*fut of* **gustar**)   (it) will please
gusto *m*   pleasure; taste

h

ha (*pres of* **haber**); (**él**) **ha**   (he) has
haber (*auxiliary*)   to have
había (*imperf of* **haber**)   there was; there were; (he) had
habitaban (*imperf of* **habitar**): (**ellos**) **habitaban**   (they) inhabited
habitación *f*   dwelling
habitante *m*   inhabitant
habitual   customary
habla *m*   speech
  de habla española   Spanish-speaking
hablaba (*imperf of* **hablar**): (**él**) **hablaba**   (he) used to talk
hablando (*pres part of* **hablar**)   talking
hablar   to talk; to speak
hablé (*pret of* **hablar**): **yo hablé**   I spoke
habló (*pret of* **hablar**): (**él**) **habló**   (he) spoke
habrá (*fut of* **haber**)   there will be
hacer   to make; to do
  desde hace muchos años   many years ago
  hace algunos años   some years ago
  hace dos semanas   two weeks ago
  hace pocos años   a few years ago
  hace poco tiempo   a little while ago
  hace un tiempo   some time ago
  hace unos días   a few days ago
  hace veinte siglos   twenty centuries ago
  ya hace muchos años que   for many years
  hacer daño   to harm; to hurt
  hacer una pregunta   to ask a question

hacer una dieta to diet
hacer las maletas to pack the suitcases
hacerse to become; to grow; get done
hacia toward
hacía (*imperf of* **hacer**): **(él) hacía** (he) was doing; did
(se) hacía (*imperf of* **hacerse**): **(él) se hacía** (he) became
haga (usted) (*imp of* **hacer**) (you) make, do
hago (*pres of* **hacer**): **yo hago** I make
hallar to find
hallaron (*pret of* **hallar**): **(ellos) hallaron** (they) found
halle (usted) (*imp of* **hallar**) (you) find
halló (*pret of* **hallar**): **(él) halló** (he) found
hambre *f* hunger
tener hambre to be hungry
han (*pres of* **haber**): **(ellos) han** (they) have
hará (*fut of* **hacer**): **(él) hará** (he) will make
haría (*cond of* **hacer**): **(él) haría** (he) would do
has (*pres of* **haber**): **tú has** you have
hasta till, up to; even
hasta hoy so far
hasta que until
hay (*pres of* **haber**) there is, there are
**hay que + ** *inf* it is necessary
haya (*pres sub of* **haber**) (that he) had
he (*pres of* **haber**): **yo he** I have
hecho (*pp of* **hacer**) made; done
(él) ha hecho (*pres perf of* **hacer**) (he) has done; **se ha hecho** (he) has become
helado *m* ice cream
helado icy
hemos (*pres of* **haber**): **nosotros hemos** we have
helicóptero *m* helicopter
heredar to inherit
herido (*pp of* **herir**) wounded
hermana *f* sister
hermano *m* brother
hermanito little brother
hermoso beautiful
héroe *m* hero
heroína *f* heroine
hice (*pret of* **hacer**): **yo hice** I made
hicieron (*pret of* **hacer**): **(ellos) hicieron** (they) made
hierro *m* iron

higiénico hygienic
hijo *m* son; child
hipocresía *f* hypocrisy
hispánico Hispanic
hispano Hispanic
Hispanoamérica Spanish America
hispanoamericano Spanish American
historia *f* history; story, tale
histórico historical
historieta-enigma *f* enigma; mystery story
hizo (*pret of* **hacer**): **(él) hizo** he made
hogar *m* home
hola hello
hombre *m* man
hombre de negocios businessman
hombro *m* shoulder
homenaje *m* honor; homage
hondo deep
honesto honest
honor *m* honor
honrado honest
hora *f* hour
horario *m* schedule
horno *m* oven
horóscopo *m* horoscope
horror *m* horror
hospital *m* hospital
hospitalario hospitable
hóstil hostile
hotel *m* hotel
hoy today
hoy día nowadays
Huacaya *f* Huacaya
hubo (*pret of* **haber**) there was, there were
huérfano *m* orphan
hueso *m* bone
huesudo bony
huevo *m* egg
huevo duro hard-boiled egg
huían (*imperf of* **huir**): **(ellos) huían** (they) used to flee
huída *f* escape
huir to flee, escape; to run away
humanidad *f* humanity
humano *m* human
ser humano human being
humano human
húmedo damp, wet
humilde humble

180

humor *m*   humor

humorismo *m*   humorous (*literary*) style

hundido   sunk

hundir   to submerge; to sink

huyen (*pres of* **huir**): (ellos) **huyen**   (they) flee

huyeron (*pret of* **huir**): (ellos) **huyeron** (they) fled

i

iba (*imperf of* **ir**) (**él**) **iba**   (he) used to go

íbamos (*imperf of* **ir**): nosotros **íbamos**   we used to go

Iberia *f*   Iberia

idea *f*   idea

ideal   ideal

idealista   idealistic

idéntico   identical

identificar   to identify

identifique (usted) (*imp of* **identificar**)   (you) identify

ideología *f*   ideology

ideológico   ideological

ídolo *m*   idol

ignorar   to ignore

igual   equal

igualmente   likewise

ilegal   illegal

ilegítimo   illegitimate

ilustración *f*   illustration

ilustrar   to illustrate

imagen *f*   image

imaginabas (*imperf of* **imaginar**): tú **imaginabas**   you used to imagine

imaginación *f*   imagination

imaginar   to imagine

impaciente   impatient

impedimento *m*   disability; impediment

impenetrable   impenetrable

imperativo   imperative; urgent

imperfecto *m*   imperfect

imperio *m*   empire

impide (*pres of* **impedir**): (él) **impide**   (he) prevents

implicación *f*   implication

implicar   to implicate

imponer   to impose

imponer(se)   to dominate

importado (*pp of* **importar**)   imported

importancia *f*   importance

importante   important

importar   to import

imposible   impossible

impregnar   to saturate

impresión *f*   impression

impresionismo *m*   impressionism

impresionista *m f*   impressionist

improvisar   to improvise

impuesto *m*   tax

inaugurado   inaugurated, unveiled

inclinación *f*   inclination; tendency

incluir   to include

incluso   even

incluye (*pres of* **incluir**)   (it) includes

incluyendo (*pres part of* **incluir**)   including

inconsciente   unconscious

incrementar   to increase

independencia *f*   independence

independiente   independent

indicar   to indicate

indígeno   native

indigente   poor, needy

indignar   to irritate

indio *m*   Indian

indique (usted) (*imp of* **indicar**)   (you) indicate

indirectamente   indirectly

indispensable   indispensable

individual   individual

individualidad *f*   individuality

indolente   lazy, indolent

inesperadamente   unexpectedly

inevitable   inevitable

infancia *f*   infancy, childhood

infantil   children's

   centro infantil   day-care center

   jardín infantil   nursery school

inferior   inferior

inferioridad *f*   inferiority

infidelidad *f*   infidelity

influencia *f*   influence

influenciado (*pp of* **influenciar**)   influenced

influye (*pres of* **influir**):   (it) influences

información *f*   information

informó (*pret of* **informar**): (él) **informó** (he) informed

infracción *f*   infraction

ingeniería *f* engineering
ingeniero *m* engineer
ingenioso ingenious; clever
Inglaterra *f* England
inglés *m* English (*language*)
ingresar to enter
ingreso *m* receipt, profit, revenue
inhumano inhuman
iniciar to initiate; to begin
inició (*pret of* **iniciar**): (**él**) **inició** (he) initiated
injusticia *f* injustice
injustificado unjustified
inmediato immediate
inmediatamente immediately, at once
inmerso immersed
inmigrante *m f* immigrant
innumerable innumerable
inocente innocent
inolvidable unforgettable
inquietar to worry
inquieto uneasy, anxious; worried
insecto *m* insect
inseguro insecure
insignificancia *f* insignificance
insistencia *f* insistence
insistir to insist
insomnio *m* insomnia, sleeplessness
inspector *m* inspector
inspiración *f* inspiration
inspirado inspired
inspirar to inspire
inspiró (*pret of* **inspirar**) (it) inspired
instalación *f* installation
instalado installed
instalar to install
  instalarse to settle
(**se**) **instaló** (*pret of* **instalarse**): (**él**) **se instaló** (he) settled
institución *f* institution
(**se**) **institucionaliza** (*pres of* **institucionalizar**) becomes institutionalized
instituto *m* institute
instrucción *f* instruction; education
instrumento *m* instrument
insurgente insurgent
integración *f* integration
integral integral

intelectual intellectual
inteligencia *f* intelligence
inteligente intelligent
intención *f* intention
intensidad *f* intensity
intensivo intensive
intenso intense
intentar to attempt; to intend
interés *m* interest
interesante interesting
interesar to interest
interior *m* interior
interiormente inwardly
internacional international
internacionalmente internationally
interpretación *f* interpretation
interpretado (*pp of* **interpretar**) interpreted
  (**él**) **ha interpretado** (*pres perf of* **interpretar**) (he) has interpreted
interpretar to interpret
interpretó (*pret of* **interpretar**): (**él**) **interpretó** (he) interpreted
interrogado *m* person under interrogation
interrogador *m* interrogator
interrogatorio *m* interrogation
interrumpir to interrupt
intervención *f* intervention
intervenir to intervene
intimida (*pres of* **intimidar**) (it) intimidates
íntimo intimate
intriga *f* intrigue
introducir to introduce
inútil useless
invención *f* invention
inventar to invent
inventaron (*pret of* **inventar**): (**ellos**) **inventaron** (they) invented
inventor *m* inventor
inversión *f* investment
investigación *f* investigation
investigador *m* investigator
investigar to investigate
invierno *m* winter
invitación *f* invitation
invitado *m* guest
invitar to invite
ir(se) to go (away); to leave
irás (*fut of* **ir**): **tú irás** you will go

iría (*cond of* ir): (me) iría   I would leave
irónico   ironic
irresponsable   irresponsible
Italia *f*   Italy
izquierdo   left

j

¡ja! ¡ja! ¡ja!   ha! ha! ha!
jamás   never; ever
jamón *m*   ham
jardín *m*   garden
  jardín infantil   nursery school
jaula *f*   cage
jefe *m*   chief; leader; boss
jeroglífico *m*   hieroglyph
jeroglífico   hieroglyphical
joven *m f*   young person
joven   young
joya *f*   jewel
jubiloso   jubilant
juegan (*pres of* jugar): (ellos) juegan   (they)
   play
juego *m*   game; gambling
  casa de juego   gambling house
juez *m*   judge
jugador *m*   player
jugar   to play
jugo *m*   juice
juicio *m*   trial
julio   July
junco *m*   rush; reed
junio   June
junto a   next to
juntos   together
justicia *f*   justice
justificado (*pp of* justificar)   justified
juventud *f*   youth

k

kilo *m*   kilo, kilogram
kilómetro *m*   kilometer

l

la *f*   the
  la de   that of
  la que   the one who (that)

la   (to) her; it
labor *f*   work
laboral   labor
labrar   to cultivate
lado *m*   side
  al lado de   beside
lago *m*   lake
lamentar   to lament
lámpara *m*   lamp
lana *f*   wool
lancha *f*   boat
lanzar   to throw
largo   long
larguísimo   very long
lata *f*   tin
Latinoamérica   Latin America
latinoamericano   Latin American
lavaplatos *m*   dishwasher
le   (to) him, her, it
lea (usted) (*imp of* leer)   (you) read
leal   loyal
lector *m*   reader
lectura *f*   reading
leche *f*   milk
lechero   milky
  vaca lechera   milk cow
leer   to read
legalidad *f*   legality
legar   to bequeath
legendario   legendary
leí (*pret of* leer): yo leí   I read
lejos   far
  a lo lejos   in the distance
  más lejos   farther
lengua *f*   language; tongue
lentamente   slowly
lento   slow
Leo   Leo
león *m*   lion
les   (to) them
letra *f*   letter (*of the alphabet*)
levantar   to raise
  levantarse   to rise; to stand; get up
(se) levantó (*pret of* levantarse); (él) se
   levantó   (he) got up
ley *f*   law
leyó (*pret of* leer): (él) leyó   (he) read
liberación *f*   liberation
liberado (*pp of* liberar)   liberated

liberal liberal
liberar to liberate
libertad *f* liberty; freedom
  en libertad free
liberatador *m* liberator
libra *f* pound
Libra Libra
libre free
librería *f* bookstore
librero *m* bookseller
libro *m* book
ligero light (*weight*)
limitar to limit
límite *m* boundary; limit
limón *m* lemon
limonada *f* lemonade
limpio clean
lindo pretty
línea *f* line
línea aérea airline
líquido *m* liquid
lista *f* list
listo ready; clever
  estar listo to be ready
literario literary
literatura *f* literature
lo the (*before an adjective*)
  lo bello the beautiful
lo (to) him, it
  lo que what
  lo que sea whatever
local *m* place
local local
lograron (*pret of* lograr): (ellos) lograron
  (they) succeeded
lona *f* canvas
lucero *m* bright star
lucha *f* fight; struggle
luchaba (*imperf of* luchar): (él) luchaba
  (he) used to fight
luchábamos (*imperf of* luchar): nosotros
  luchábamos we used to fight
luchado (*pp of* luchar) fought
  (él) ha luchado (*pres perf of* luchar) (he)
  has fought
luchador *m* fighter
luchar to fight, struggle
luché (*pret of* luchar): yo luché I fought

luego then
lugar *m* place; town
  en lugar de instead of
lujo *m* luxury
lujoso luxurious
luminosidad *f* luminosity
luminoso luminous
luna *f* moon
Luxemburgo *m* Luxemburg
luz *f* light
  luz de vela candlelight

ll

llama *f* llama
(se) llamaba (*imperf of* lamarse): (él) se
  llamaba (he) was named; (he) was
  called
llamado (*pp of* llamar) called
llamar to call
  llamarse to be called, be called
llamaremos (*fut of* llamar): nosotros
  llamaremos we will call
llame (usted) (*imp of* llamar) (you) call
llegada *f* arrival
llegado (*pp of* llegar) arrived
llegando (*pres part of* llegar): arriving
  estamos llegando we are arriving
llegar to arrive; to reach
  llegar a to arrive at
  llegar a ser to become, get to be
llegará (*fut of* llegar): (él) llegará (he) will
  arrive
llegaron (*pret of* llegar): (ellos) llegaron
  (they) arrived
llegó (*pret of* llegar); (él) llegó (he) arrived
llegué (*pret of* llegar): yo llegué I arrived
llenar to fill
lleno full
llevaban (*imperf of* llevar): (ellos) llevaban
  (they) used to carry; carried
llevado carried
llevar to carry; to take
  llevarse to carry away
llevó (*pret of* llevar): (él) llevó (he) carried
llorar to cry
llorc (usted) (*imp of* llorar) (you) cry
lluvia *f* rain

m

macho male
madera *f* wood
madre *f* mother
madrileño native of Madrid
maestro *m* schoolmaster; teacher
  maestro de ceremonias master of ceremonies
  obra maestra masterpiece
magnífico magnificent
mago *m* magician
maíz corn
majestuoso majestic
mal (*contr of* **malo**) wickedly; badly; bad
maleta *f* suitcase
  hacer las maletas to pack the suitcases
malo wicked; bad
maltratar to mistreat
mamá *f* mother
manchado spotted
mandar to command, order; to send
mandará (*fut of* **mandar**): (**él**) **mandará** (he) will command
mande (**usted**) (*imp of* **mandar**) (you) command
manejar to drive, operate, manage
manera *f* manner
manifestarse to show oneself
manifiestan (*pres of* **manifestar**): (**ellos**)
  manifiestan (they) declare; manifest
mano *f* hand
  en manos de in the hands of
  mano a mano together; on equal terms
mansión *f* mansion
mantener to maintain
mantenerse to stay, to remain
manteniendo (*pres part of* **mantener**) maintaining
mantequilla *f* butter
mantienen (*pres of* **mantener**): (**ellos**)
  mantienen (they) maintain
manto *m* cloak
  manto de gala victor's cloak
manzana *f* apple
mañana *f* morning; tomorrow
máquina *f* machine
mar *m* sea

el Mar Mediterráneo Mediterranean Sea
Mar del Plata seaside resort in Argentina
  nivel del mar sea level
maravilloso marvelous; wonderful
marca *f* trademark
  marca comercial brand
marcará (*fut of* **marcar**) (it) will mark
marido *m* husband
marrón *m* brown, maroon
marzo March
más more; most
  más de more than
  más tarde later
  no más no longer
masacre *f* massacre
masculino masculine
matar to kill
matemático mathematical
materia *f* material; subject
material material
materialista materialistic
maternidad *f* maternity
matrimonial matrimonial
matrimonio *m* matrimony, marriage; married couple
  entrar en matrimonio to marry
maya *m* Maya
maya Mayan
mayo May
mayor older; oldest; greater
  la mayor parte most
mayoría *f* majority
me (to) me; myself
mecánica *f* machinery; mechanics
mecánico *m* mechanic
media *f* average; mean
medicina *f* medicine
médico *m* doctor (*medical*)
médico medical
medida *f* measure
medio *m* environment
medio half; middle
  diez y media ten thirty
medios *m pl* means, method
  por medio de by means of
medir to measure
meditación *f* meditation

mejor best; better
mejorar to better; to improve
  mejorarse to better oneself
melancolía *f* melancholy
membrana *f* membrane
memoria *f* memory
  de memoria by heart
mencionar to mention
menor least
  la menor idea the slightest idea
menos less
  al menos at least
  menos de less than
mensaje *m* message
mensualmente monthly
mental mental
mentir to lie
mentira *f* lie
menú *m* menu
(a) menudo often
mercado *m* market
merecer to deserve
meridiano *m* meridian
mérito *m* merit
mes *m* month
metal *m* metal
metálico metalic
meteorológico meteorological
método *m* method
metro *m* subway; meter
mexicano *m* Mexican
mexicano Mexican
mexicano-americano Mexican-American
México *m* Mexico
mezclar to mix
mezcle (usted) (*imp of* **mezclar**) (you) mix
mi my
mí (to) me
micrófono *m* microphone
miedo *m* fear
miembro *m* member
miente (*pres of* **mentir**): **(él) miente** (he)
  lies
mientras while
mil *m* one thousand
milagro *m* miracle
militancia *f* militancy
militante militant
militar military

millón *m* million
mina *f* mine
minero *m* miner
minero mining
mínimo minimum; least
  como mínimo at least
minusvalido *m* handicapped
minuto *m* minute
mío my; mine
miraba (*imperf of* **mirar**): **(él) miraba** (he)
  used to look (at)
mirar to look (at)
miserable miserable
miseria *f* misery
mismo self; same
  él mismo he himself
  lo mismo the same thing
  sí mismo oneself
  nosotros mismos ourselves
misterio *m* mystery
misterioso mysterious
mitad *f* half
mito *m* myth
mitológico mythological
moda *f* style, fashion
modelo *m f* model
moderado moderate
moderno modern
modesto modest
modificar to modify
modo *m* manner
  de modo que so that
momento *m* moment
  al momento right away
monarquía *f* monarchy
mono *m* monkey
monotonía *f* monotony
monstruo *m* monster
montaña *f* mountain
montar a caballo to ride horseback
montó (*pret of* **montar**): **(él) montó** (he)
  mounted; rode
  (él) montó a caballo (he) rode
  horseback
monumental monumental
monumento *m* monument
moral moral
moralidad *f* morality
morder to bite

mordió (*pret of* **morder**): **(él) mordió** (he) bit

moreno brown; brunette

morir to die

mortal *m* mortal

mostrar to show; to demonstrate

motivo *m* reason

móvil mobile

movilizar to mobilize

movimiento *m* movement

muchacha *f* girl

muchacho *m* boy, lad

muchísimo very much

mucho much; a lot of

muere (*pres of* **morir**): **(él) muere** (he) dies

muerte *f* death

muerto (*pp of* **morir**) died

muestran (*pres of* **mostrar**): **(ellos) muestran** (they) show; demonstrate

muestre (usted) (*imp of* **mostrar**) (you) show

mueve (*pres of* **mover**): **(él) mueve** (he) moves

mujer *f* woman; wife

multicolor multicolored

multiplicar to multiply

multitud *f* multitude

mundial world-wide

mundo *m* world

   Nuevo Mundo New World

   todo el mundo everyone

municipal municipal

mural *m* mural

muralista *m f* muralist, mural painter

muriendo (*pres part of* **morir**) dying

murieron (*pret of* **morir**): **(ellos) murieron** (they) died

murió (*pret of* **morir**): **(él) murió** (he) died

museo *m* museum

música *f* music

músico *m* musician

muy very

n

nacer to be born

nacerán (*fut of* **nacer**): **(ellos) nacerán** (they) will be born

nacido *m* person born; born

nacimiento *m* birth

nació (*pret of* **nacer**); **(él) nació** (he) was born

nación *f* nation

nacional national

nacionalizó (*pret of* **nacionalizar**): **(él) nacionalizó** (he) nationalized

Naciones Unidas *f pl* United Nations

nada not anything, nothing

   nada menos no less

nadie nobody, no one

naríz *f* nose

narración *f* narration

natal native

natural natural

naturaleza *f* nature

naturalista *m f* naturalist

náutico nautical

naval naval

navegábamos (*imperf of* **navegar**): **nosotros navegábamos** we used to nagivate

navegante *m* navigator

navegar to navigate, sail

necesariamente necessarily

necesario necessary

necesidad *f* necessity; need

necesitaba (*imperf of* **necesitar**): **(él) necesitaba** (he) used to need

necesitar to need

necesitó (*pret of* **necesitar**): **(él) necesitó** (he) needed

negativamente negatively

negó (*pret of* **negar**): **(él) negó** (he) denied

negocio *m* business

negro black

nervioso nervous

neurótico neurotic

ni neither, nor

ni siquiera not even

nieta *f* granddaughter

nieve *f* snow

   copito de nieve little snowflake

ningún (*contr of* **ninguno**) not any

ninguno not any

niña *f* little girl

niñez *f* childhood

niño *m* child; little boy

nivel *m* level
  nivel del mar sea level
  nivel de vida standard of living
nivelar to level
Niza Nice
no no; not
noble noble
nobleza *f* nobility
nocaut *m* knockout
noche *f* night
nombre *m* name
normal normal
normalidad *f* normality
normalmente normally
norte *m* north
norteamericano North American
Noruega *f* Norway
nos (to) us
nosotros we; us
nosotros mismos ourselves
nota *f* note
notable remarkable
notablemente notably
noticia *f* information; news
  tener noticia de to know about
novela *f* novel
novelista *m f* novelist
noventa y cinco ninety-five
novia *f* sweetheart; fiancée; bride
noviembre November
novio *m* sweetheart; fiancé; bridegroom
nube *f* cloud
nuestro our
Nueva York New York
nuevo new
nulo null
número *m* number
numeroso numerous
nunca never; not ever
nutrición *f* nutrition

o

o or
obedecer to obey
objetivo *m* objective
objeto *m* object
obligación *f* obligation; duty
obligado obliged

obligar to force
obra *f* work
obra maestra masterpiece
obrero *m* factory worker
observaba (*imperf of* **observar**): (él)
  observaba (he) used to observe
observación *f* observation
observar to observe
  se observa it's observed
obtendrá (*fut of* **obtener**): (él) **obtendrá** (he)
  will obtain, get
obtener to obtain, get
obtenía (*imperf of* **obtener**): (él) **obtenía**
  (he) used to obtain
obtenido (*pp of* **obtener**) obtained
obtienen (*pres of* **obtener**): (ellos) **obtienen**
  (they) obtain; get
obtuvo (*pret of* **obtener**): (él) **obtuvo** (he)
  obtained
ocasión *f* occasion; opportunity
occidental occidental; western
occidente *m* west
octavo eighth
octubre October
ocultar to hide
ocupaba (*imperf of* **ocupar**): (él) **ocupaba**
  (he) used to occupy
occupación *f* occupation
ocupado (*pp of* **ocupar**) busy
ocupar to occupy
  ocuparse de to pay attention (to)
ocuparon (*pret of* **ocupar**): (ellos) **ocuparon**
  (they) occupied
ocurría (*imperf of* **ocurrir**) (it) used to
  occur
ocurriendo (*pres part of* **ocurrir**):
  occurring, happening
ocurrió (*pret of* **ocurrir**) (it) occurred
ocurrir to occur, happen
ochenta eighty
ochenta y cinco eighty-five
ochenta y uno eighty-one
ocho eight
odio *m* hate
oficial *m* officer
oficial official
oficina *f* office
oficio *m* position, job
ofrecer to offer

ofrecía (*imperf of* **ofrecer**): (**él**) **ofrecía** (he) used to offer

ofrecido offered

ofreciendo (*pres part of* **ofrecer**) offering

ofrecieron (*pret of* **ofrecer**): (**ellos**) **ofrecieron** (they) offered

ofrezca (**usted**) (*imp of* **ofrecer**) (you) offer

ofrezco (*pres of* **ofrecer**): **yo ofrezco** I offer

oí (*pret of* **oír**): **yo oí** I heard

ojo *m* eye

  ojo por ojo y diente por diente an eye for an eye and a tooth for a tooth

óleo *m* oil

  darle los santos óleos to administer (to him) Extreme Unction (last rites)

oler to smell

olímpico Olympic

olivar *m* olive grove

olivo *m* olive tree

olvidar to forget

once eleven

opción *f* option

operación *f* operation

operario *m* machine operator

opinar to give an opinion

opinión *f* opinion

oponente *m* opponent

oponer to oppose

oportunidad *f* opportunity

oportuno opportune, timely

oposición *f* opposition

opositor *m* opponent

opresión *f* oppression

opresor oppressive

optimismo *m* optimism

optimista *m f* optimist

opulencia *f* opulence

opulento opulent, wealthy

opuso (*pret of* **oponer**): (**él**) **opuso** (he) opposed

oración *f* sentence

oralmente orally

orden *m* order

ordinario ordinary

organización *f* organization

organizador *m* organizer

organizar to organize

organizó (*pret of* **organizar**): (**él**) **organizó** (he) organized

órgano *m* organ (*of the body*); pipe organ

orgullo *m* pride

orgulloso proud

oriental oriental, eastern

origen *m* origin

original original

orilla *f* (*river*) bank

ornamentar to adorn, decorate

oro *m* gold

orquesta *f* orchestra

oscuridad *f* darkness

oscuro dark

ostentación *f* ostentation, display

otro other; another

  otra vez again

  por otra parte on the other hand

oveja *f* sheep

oyen (*pres of* **oír**): (**ellos**) **oyen** (they) hear

p

pacífico peaceful

  Océano Pacífico

padre *m* father; priest

padres *m pl* parents

paga *f* pay; salary

pagado (*pp of* **pagar**) paid

pagando (*pres part of* **pagar**) paying

pagar to pay

pago *m* payment

país *m* country, nation; region

paisaje *m* landscape

pájaro *m* bird

pala *f* shovel

palabra *f* word

pandilla *m* gang

  pandilla callejera street gang

pantalón *m* trousers

papá *m* papa, father

papel *m* paper

par *m* pair

para for, to, in order to

  para que so that

parar to stop; to stand

  sin parar without stopping

parecer to seem, appear

parecía (*imperf of* **parecer**): (**él**) **parecía** (he) seemed

pared *f* wall

paredón *m* wall in front of firing squad

pareja *f* couple

pariente *m f* relative

París Paris

parque *m* park

párrafo *m* paragraph

parte *f* place; part

  en parte partly

  por todas partes everywhere

  en todas partes everywhere

  por otra parte on the other hand

  la mayor parte most

participar to participate

participó (*pret of* **participar**): (**él**) **participó**
  (he) participated

particular special; particular

particularmente specially

partir to divide, split

pasaban (*imperf of* **pasar**): (**ellos**) **pasaban**
  (they) used to pass; passed

pasado *m* past

pasajero *m* passenger

pasar to pass; to go in; to spend (*time*)

pasarán (*fut of* **pasar**): (**ellos**) **pasarán** (they)
  will pass

pasaron (*pret of* **pasar**): (**ellos**) **pasaron**
  (they) passed

pasatiempo *m* pastime, amusement

pasearse to take a walk

pasión *f* passion

pasivo passive

paso *m* step

  paso a paso step by step

pasó (*pret of* **pasar**) (it) passed; happened

pata *f* foot (*of an animal*)

patriota *m* patriot

pausa *f* pause

pavimentar to pave

paz *m* peace

peces (*sing* **pez**) *m pl* fish (*in the water*)

pedir to ask for; to demand

pelar to peel

peldaño *m* step (*of a ladder or stairs*)

pele (**usted**) (*imp of* **pelar**) (you) peel

peleaba (*imperf of* **pelear**); (**él**) **peleaba** (he)
  used to fight

peleándose (*pres part of* **pelearse**) fighting
  each other

película *f* film; movie

peligro *m* danger

peligroso dangerous

pelo *m* hair

peluquería *f* hairdressing shop

pena *f* grief; suffering

penar to suffer

penetrar to penetrate

pensaba (*imperf of* **pensar**): (**él**) **pensaba**
  (he) used to think

pensábamos (*imperf of* **pensar**): nosotros
  pensábamos we used to think

pensaban (*imperf of* **pensar**): (**ellos**)
  pensaban (they) used to think

pensado (*pp of* **pensar**) thought

pensador *m* thinker

pensar (**en**) to think (of)

pensaron (*pret of* **pensar**): (**ellos**) **pensaron**
  (they) thought

penumbra *f* partial shadow

peor worse; worst

pequeño small, little

perdedor *m* loser

perder to lose

perder el tiempo to waste time

pérdida *f* loss

perdido (*pp of* **perder**) lost

  (**él**) **ha perdido** (*pres perf of* **perder**) (he)
  has lost

perdió (*pret of* **perder**): (**él**) **perdió** (he) lost

perfeccionamiento *m* perfecting

perfecto perfect

perfil *m* profile

periódico *m* newspaper

periodista *m f* journalist

período *m* period, era

permanentemente permanently

permitió (*pret of* **permitir**): (**él**) **permitió**
  (he) permitted, allowed

permitir to permit, allow

pero but

perro *m* dog

  perrito little dog

perseverante persevering

persona *f* person

personaje *m* character

personalidad *f* personality

personalmente personally

perspectiva *f* prospect

pertenecer to belong; to appertain

pertubador disturbing

Perú *m* Peru

peruano Peruvian

pesaba (*imperf of* **pesar**) (it) used to weigh

(a) pesar de in spite of

pesca *f* fishing

pescábamos (*imperf of* **pescar**): **nosotros pescábamos** we used to fish

pescado *m* fish (*caught*)

pescador *m* fisherman

pescar to fish

pescaron (*pret of* **pescar**): **(ellos) pescaron** (they) fished

peseta *f* peseta (*monetary unit of Spain*)

pesimista pessimistic

peso *m* weight; peso (*monetary unit*)

petróleo *m* petroleum

pianista *m f* pianist

picado chopped

pícaro *m* rogue, rascal

pida (usted) (*imp of* **pedir**) (you) ask for

pide (tú) (*imp of* **pedir**) (you) ask for

pido (*pres of* **pedir**): **yo pido** I ask for

pie *m* foot

piedra *f* stone

piel *f* skin

piensa (*pres of* **pensar**): **(él) piensa** (he) thinks

piensa (tú) (*imp of* **pensar**) (you) think

piensan (*pres of* **pensar**): **(ellos) piensan** (they) think

pierde (*pres of* **perder**): **(él) pierde** (he) loses

pierna *f* leg

pimienta *f* pepper

pináculo *m* pinnacle

pintado painted

pintar to paint

pintó (*pret of* **pintar**): **(él) pintó** (he) painted

pintor *m* painter

pintura painting

pintoresco picturesque

pirámide *f* pyramid

Piscis Pisces

pista *f* clue

placa *f* plaque

placer *m* pleasure

plan *m* plan

planear to plan

planeta *m* planet

planta *f* plant

plantar to plant

plata *f* silver

playa *f* beach

plaza *f* square

  plaza de toros bullfight ring

pluma *f* feather

población *f* population

poblar to colonize, populate

poblaron (*pret of* **poblar**): **(ellos) poblaron** (they) colonized, populated

pobre poor

pobreza *f* poverty

poco little

poco a poco little by little

poder *m* power

poder to be able, can

poderoso powerful

podía (*imperf of* **poder**): **(él) podía** (he) was able

podido (*pp of* **poder**) been able

podrá (*fut of* **poder**): **(él) podrá** (he) will be able

podría (*cond of* **poder**): **(él) podría** (he) would be able

poema *m* poem

poesía *f* poetry

poeta *m* poet

poético poetic

policía *f* police

policía *m* policeman

política *f* politics

político *m* politician

político political

politizado politicized

póliza de seguro insurance policy

polvo *m* dust

pondrá (*fut of* **poner**): **(él) pondrá** (he) will put

(se) pondrán (*fut of* **ponerse**): **(ellos) se pondrán** (they) will become

poner to put, place

  ponerse to become

ponga (usted) (*imp of* **poner**) (you) put

pongan (ustedes) (*imp of* **poner**) (you) put

poniendo (*pres part of* **poner**) putting, placing

popular popular
popularidad *f* popularity
popularizar to popularize
popularizó (*pret of* **popularizar**): (**él**)
    popularizó (he) popularized
poquito very little
por for; by; through; via; per
  por ciento percent
  por (el) contrario on the contrary
  por encima de over
  por eso for that reason
  por favor please
  por fin finally
  por igual equally
  por + *inf* by
  por otra parte on the other hand
  ¿por qué? why?
  por supuesto of course
  por toda la vida for life
  por todas partes everywhere
porcentaje *m* percentage
por ciento percent
porque because
poseer to possess
posibilidad *f* possibility
posible possible
posiblemente possibly
posición *f* position; standing
postal postal
  tarjeta postal postcard
potencial potential
prácticamente practically
practicar to practice
práctico practical
precedente *m* precedent
precedente preceding
precedieron (*pret of* **preceder**): (**ellos**)
  precedieron (they) preceeded
precio *m* price
precipicio *m* precipice
precipitaron (*pret of* **precipitar**): (**ellos**)
  se precipitaron (they) hastened
precipitarse to rush, hasten
precisamente precisely
precolombino pre-Colombian
preconcebido preconceived
predominante predominant
predominar to prevail
preferencia *f* preference

preferentemente preferably
prefería (*imperf of* **preferir**): (**él**) **prefería**
  (he) used to prefer
preferible preferable
preferido preferred
preferir to prefer
prefiere (*pres of* **preferir**): (**él**) **prefiere** (he)
  prefers
pregunta *f* question
preguntar to ask
pregunté (*pret of* **preguntar**): **yo pregunté** I
  asked
preguntó (*pret of* **preguntar**): (**él**) **preguntó**
  (he) asked
prehistórico prehistoric
pre-incaico pre-Incan
prejuicio *m* prejudice
premio *m* prize
prensa *f* press
preocupación *f* preoccupation; worry
preocupado (*pp of* **preocupar**) worried
  (**ellos**) **se han preocupado** (*pres perf of*
    preocuparse) (they) have worried
preocuparse to worry
preparación *f* preparation
preparado prepared
preparando (nos) (*pres part of* **prepararse**)
  preparing (ourselves)
preparar to prepare
prepare (usted) (*imp of* **preparar**) (you)
  prepare
preparativo *m* preparation
preposición *f* preposition
presencia *f* presence
presentación *f* introduction
presentar to present; to introduce
  presentarse to appear; to offer one's
    services
presentaron (*pret of* **presentar**): (**ellos**)
  presentaron (they) presented
(se) presentaron (*pret of* **presentarse**) they
  offered their services
presente present
(me) presenté (*pres of* **presentarse**) I
  offered my services
presentir to have a hunch
presentó (*pret of* **presentar**): (**él**) **presentó**
  (he) presented
presidente *m* president

prestar   to lend; to loan
  prestar atención   to pay attention
prestigio *m*   prestige
pretensión *f*   pretension; presumption
pretérito *m*   preterit
previamente   previously
primario   primary
primavera *f*   spring
primer (*contr of* **primero**)   first; former
primero   first; former
primitivo   primitive
primo *m*   cousin
  primo hermano   first cousin
princesa *f*   princess
principal   principal, main
  sala principal   main room; living room
principalmente   principally
principio   beginning; principle
prioridad *f*   priority
prisionero *m*   prisoner
privado   private
privilegiado   privileged
pro   for
probable   probable
probablemente   probably
probar   to prove; to try
problema *m*   problem
proceso *m*   process
procurar   to procure; to try
producción *f*   production
producir   to produce
productivo   productive
producto *m*   product
productor *m*   producer
produjo (*pret of* **producir**): (**él**) **produjo**   (he)
    produced
  se le produjo   it occurred to him
profesión *f*   profession
profesional   professional *m f*   professional
profesionalmente   professionally
profundo   profound; deep
programa *m*   plan; program
progresar   to progress; to improve
progresivo   progressive
progreso *m*   progress
prohibir   to prohibit
prometedor   promising
promoción *f*   promotion
promover   to promote

pronto   quick; prompt; soon
  de pronto   suddenly
(se) pronunció (*pret of* **pronunciarse**): (**él**) **se**
    pronunció   (he) rebelled
propaganda *f*   propaganda
propio   own; proper, suitable
proponer   to propose
proporción *f*   proportion
propósito *m*   intention; purpose
prosigue (*pres of* **proseguir**): (**él**) **prosigue**
    (he) pursues
protección *f*   protection
proteger   to protect
protegido   protected
proveedor *m*   provider
provincia *f*   province
provincial   provincial
provinciano   provincial
provisión *f*   provision
próximo   next
proyectar   to project
proyecto *m*   project
proyector *m*   projector; search light
prueba *f*   test; proof
  a prueba de balas   bulletproof
psicológico   psychological
psicólogo *m*   psychologist
publicación *f*   publication
publicar   to publish
publicará (*fut of* **publicar**): (**él**) **publicará**
    (he) will publish
publicidad *f*   publicity
publicado   published
publicó (*pret of* **publicar**): (**él**) **publicó**   (he)
    published
público *m*   public
público   public
publique (**usted**) (*imp of* **publicar**)   (you)
    publish
pudiera (*imperf subj of* **poder**): (**él**) **pudiera**
    (he) might be able
pudo (*pret of* **poder**): (**él**) **pudo**   (he) was
    able
pueblecito *m*   little town
pueblo *m*   people; town
puedan (*pres subj of* **poder**): (**ellos**) **puedan**
    (they) can
puede (*pres of* **poder**): (**él**) **puede**   (he) is
    able

puente *m* bridge

puerco *m* pig

puerta *f* door

puerto *m* port

puertorriqueño Puerto Rican

pues since; because

puesto *m* place; position

puesto (*pp of* **poner**) put

pulgada *f* inch

pulmón *m* lung

punto *m* place; point; period (*in writing*)

   punto de vista point of view

puré *m* purée

pureza *f* purity

puro pure

pusieron (*pret of* **poner**): (ellos) **pusieron** (they) put

q

que which, that, who, whom; than; as

¿qué? what? how?

   ¡qué va! nonsense!

quedaba (*imperf of* **quedar**): (él) **quedaba** (he) used to remain

quedado (*pp of* **quedar**) remained

  (él) ha quedado (*pres perf of* **quedar**) (he) has remained

quedar(se) to say, remain

(se) quedará (*fut of* **quedarse**) (él) **se quedará** (he) will stay

quedé (*pret of* **quedar**); yo **quedé** I remained

quejarse to complain

quemará (*fut of* **quemar**) (it) will burn

querer to want; to love

  querer decir to mean

quería (*imperf of* **querer**): (él) **quería** (he) used to want; (he) wanted

queríamos (*imperf of* **querer**): nosotros **queríamos** we wanted

querido beloved, dear

querido (*pp of* **querer**) wanted

  (él) hubiera querido (*pluperf subj of* **querer**) (he) had wanted

queso *m* cheese

quien who, whom

¿quién? who?

quiere (*pres of* **querer**): (él) **quiere** (he) wants

quiero (*pres of* **querer**): yo **quiero** I want; I love

quince fifteen

quinto fifth

quisiera (*imperf subj of* **querer**): yo **quisiera** I would like

quizá perhaps

r

radical radical

radio *f* radio

rallado (*pp of* **rallar**) grated

rama *f* branch

rápidamente rapidly

rapidez *f* speed

rápido rapid, swift

raro rare

rastro *m* trace

rato *m* while, short time

raza *f* race, lineage

razón *f* reason

reacción *f* reaction

reaccionar to react

real real; royal

realidad *f* reality

  en realidad in fact, really

realismo *m* realism

realizar to realize (*a goal*), fulfill

rebelde *m* rebel

rebeldía *f* rebelliousness

receta *f* recipe

recibí (*pret of* **recibir**): yo **recibí** I received

recibido (*pp of* **recibir**) received

  (él) ha recibido (*pres perf of* **recibir**) (he) has received

recibir to receive; to admit, let in

recibirá (*fut of* **recibir**): (él) **recibirá** (he) will receive

recibirán (*fut of* **recibir**): (ellos) **recibirán** (they) will receive

reciente recent

recientemente recently

recipiente *m* container

recoger to gather

recomiendan (*pres of* **recomendar**): (ellos) **recomiendan** (they) recommend

reconocer   to recognize
reconstruir   to reconstruct
recorrer   to travel through
recuerdo *m*   remembrance
recurso *m*   resource
redondear   to make round
reducir   to reduce
reeducar   reeducate
reencarnación *f*   reincarnation
referencia *f*   reference
(se) refería (*imperf of* referirse): (él) se
   refería   (he) was referring to
(se) refieren (*pres of* referirse): (ellos) se
   refieren   (they) refer to
(te) refieres (*pres of* referirse): (tú) te
   refieres: (you) are referring to
reflejar   to reflect
reflexión *f*   reflection
reforma *f*   reform
refresco *m*   refreshment
refrigeración *f*   refrigeration
refrigerador *m*   refrigerator
refugiado *m*   refugee
refugiarse   to take refuge
refugio *m*   shelter
regalo *m*   gift
región *f*   region
regla *f*   rule
regresar   to return
regresarás (*fut of* regresar): tú regresarás
   you will return
regresaría (*cond of* regresar): (él) regresaría
   (he) would return
regular   regular
regular   to regulate
regularidad   regularity
rehusar   to refuse
(se) reía (*imperf of* reírse): (él) se reía   (he)
   used to laugh
reina *f*   queen
reír(se)   to laugh
relación *f*   relation; relationship
relacionado (*pp of* relacionar)   related
relacionar   to relate; to connect
relataba (*imperf of* relatar): (él) relataba
   (he) used to relate; narrate
religión *f*   religion
religioso   religious
remedio *m*   remedy

remoto   remote
renta *f*   income
rentabilidad *f*   yield
rentable   income-producing
repita (usted) (*imp of* repetir)   (you) repeat
repite (*pres of* repetir): (él) repite   (he)
   repeats
reportero *m*   reporter
representación *f*   representation
representado   represented
representante *m f*   representative
representar   to represent
representativo   representative
represión *f*   repression
reprimido (*pp of* reprimir)   repressed
reproducir   to reproduce
reprodujeron (*pret of* reproducir): (ellos)
   reprodujeron   (they) reproduced
república *f*   republic
   República Dominicana *f*   Dominican
   Republic
   República Mexicana *f*   Mexican
   Republic
republicano *m*   republican
reputación *f*   reputation
requiere (*pres of* requerir)   (it) requires
reservado   reserved
residencia *f*   residence
residente *m f*   resident
resignación *f*   resignation
resignado   resigned
resistencia *f*   resistance
resistir   to resist
resolver   to resolve
resolvieron (*pret of* resolver): (ellos)
   resolvieron   (they) resolved
respectivo   respective
respecto *m*   respect; relation
   respecto a   with regard to
respetable   respectable
respetar   to respect
respiración *f*   respiration
responder   to answer
responsabilidad *f*   responsibility
responsable   responsible
respuesta *f*   answer
restaurar   to restore
resto *m*   rest, remainder
resultado *m*   result

resultar   to result
resumir   to summarize
resurrección f   resurrection
retirarse   to withdraw
retrato m   portrait
reunión f   meeting; consolidation
reunir(se)   to join; to unite; to meet
revancha f   revenge
revelar   to reveal
revista f   magazine
revolución f   revolution
rey m   king
rico   rich, wealthy; delicious
(se) ríe (*pres of* reírse): (él) se ríe   (he) laughs
rígido   rigid
río m   river
riqueza f   wealth
riquísimo   very wealthy; delicious
risa f   laughter
ritmo m   rhythm
ritual m   ritual
rizar   to curl
robó (*pret of* robar): (él) robó   (he) stole
robusto   robust
roca f   rock
rodear   to surround, encircle
rojo   red
rol m   role
Roma   Rome
romántico   romantic
romper   to break
ropa f   clothes, clothing
rosa f   rose
rudo   rude
ruedo m   ring
ruego (*pres of* rogar): yo ruego   I beg
ruido m   noise
ruina f   ruin
rural   rural
rutina f   routine

S

sábado m   Saturday
sábalo m   tarpon
saber   to know; to be able; to know how to

sabía (*imperf of* saber): (él) sabía   (he) knew; used to know
sabiduría f   wisdom
sabor m   flavor
sacar   to take out; to obtain
sacerdote m   priest
sacó (*pret of* sacar): (él) sacó   (he) took out
sacrificio m   sacrifice
Sagitario   Sagittarius
sal f   salt
sala f   room
   sala de clase   schoolroom
   sala principal   main room; living room
salario m   salary
saldrá (*fut of* salir): (él) saldrá   (he) will leave
salí (*pret of* salir): yo salí   I left
salida f   departure; exit
salida del sol   sunrise
salió (*pret of* salir): (él) salió   (he) left
salir   to leave
salón m   hall
   Salón de la Fama   Hall of Fame
salsa f   sauce; salsa music
salto m   leap
saltó (*pret of* saltar): (él) saltó   (he) leaped
saludar   to greet
salvaje   wild
salvar   to save
sangre f   blood
sanguinario   bloody
santo   holy
satírico   satirical
satisfacción f   satisfaction
satisfactoriamente   satisfactorily
satisfecho (*pp of* satisfacer)   satisfied
saturado   saturated
sazone (usted) (*imp of* sazonar)   (you) season
se   himself, herself, yourself, yourselves, themselves
sé (*pres of* saber): yo sé   I know
sea (*pres subj of* ser)   (that he) be
   lo que sea   whatever
sección f   section
seco   harsh; dry
secretario m   secretary
secreto   secret
seda f   silk

segador *m*   harvester, reaper
seguía (*imperf of* **seguir**); **(él) seguía**   (he) used to follow
seguidamente   successively
seguir   to follow; to continue
según   according to
segundo   second
seguramente   surely
seguridad *f*   security
seguro   sure; *m* insurance
  póliza de seguro   insurance policy
seis   six
seiscientos   six hundred
seleccionar   to choose
selva *f*   forest
semana *f*   week
semanal   weekly
Río Sena   Seine River
sencillo   simple
sensación *f*   sensation
sensacional   sensational
sensibilidad *f*   sensitivity
sensitivo   sensitive
sensual   sensual
sentado (*pp of* **sentar**)   seated
sentarse   to sit down
(me) sentí (*pret of* **sentirse**): **yo me sentí**   I felt
(se) sentía (*imperf of* **sentirse**): **(él) se sintió**   (he) felt
sentido *m*   sense
sentimental   sentimental
sentimiento *m*   sentiment; feeling
sentir(se)   to feel; to be affected, moved; to regret
señal *f*   signal
señor *m*   sir; master
  el señor   Mr. (*indirect address*)
señora *f*   lady
  la señora   Mrs. (*indirect address*)
señorita *f*   young lady
  la señorita   Miss (*indirect address*)
separadamente   separately
separar   to separate
septiembre   September
ser   to be
ser humano   human being
será (*fut of* **ser**): **(él) será**   (he) will be
sería (*cond of* **ser**): **(él) sería**   (he) would be

serie *f*   series
serio   serious
  en serio   seriously
serpiente *f*   serpent, snake
servicio *m*   service
servir (de)   to serve (as)
sesenta   sixty
sesenta y cinco   sixty-five
setenta   seventy
si   if
sí   yes
sido (*pp of* **ser**)   been
siega (*pres of* **segar**): **(él) siega**   (he) reaps
siempre   always
siendo (*pres part of* **ser**)   being
siente (*pres of* **sentir**): **(él) siente**   (he) feels
  lo siente mucho   (he) is very sorry
siete   seven
siga (*pres sub of* **seguir**)   (that he) follow
siglo *m*   century
significación *f*   significance
significado *m*   meaning
significar   to signify, mean
significativo   significant
signo *m*   symbol; sign
sigo (*pres of* **seguir**): **yo sigo**   I follow
siguiendo (*pres part of* **seguir**)   following
siguiente   following
siguieron (*pret of* **seguir**): **(ellos) siguieron**   (they) followed
silencio *m*   silence
silencioso   silent
sillón *m*   easy chair
simbolizar   to symbolize
símbolo *m*   symbol
simpatía *f*   sympathy; congeniality
simpático   pleasant, congenial
simpatizar   to be congenial
simple   simple
simplemente   simply
simultáneamente   simultaneously
sin   without
  sin embargo   nevertheless; however
sinceridad *f*   sincerity
sincero   sincere
sindicato *m*   labor union
singular   singular, odd
sino   but; otherwise; if not
sinónimo *m*   synonym

siquiera even
  ni siquiera not even
sirva (usted) (*imp of* **servir**) (you) serve
sirve (*pres of* **servir**): (**él**) **sirve** (he) serves
sistema *m* system
sitio *m* place
situación *f* state, condition; situation
situado (*pp of* **situar**) situated, located
situar to situate, locate
sobre above; on; about
social social
socialista *m* socialist
sociedad *f* society; company, firm
sociólogo *m* sociologist
sociológico sociological
sofocante suffocating
sol *m* sun, sunlight
solamente only
soldado *m* soldier
soledad *f* loneliness; solitude
solicitud *f* application
solitario lonely
solo alone; only; single
  ni un solo not even one
sólo solely, only
soltero *m* bachelor, unmarried man
solución *f* solution
sombra *f* shadow
sombrío sombre
somos (*pres of* **ser**): **nosotros somos** we are
son (*pres of* **ser**): (**ellos**) **son** (they) are
sonido *m* sound
sonreír to smile
sonríe (*pres of* **sonreír**): (**él**) **sonríe** (he) smiles
sonriente smiling
sonrió (*pret of* **sonreír**): (**él**) **sonrió** (he) smiled
sonrisa *f* smile
soñaba (con) (*imperf of* **soñar**): (**él**) **soñaba (con)** (he) used to dream (of)
soñador *m* dreamer
soñar (con) to dream (of)
soñé (*pret of* **soñar**): **yo soñé** I dreamed
soportar to endure; to support
sorprendente surprising
sorprender to surprise
sorprendido surprised

(se) sorprendió (*pret of* **sorprenderse**): (**él**) **se sorprendió** (he) was surprised
sorpresa *f* surprise
sostener to support; to hold
soy (*pres of* **ser**): **yo soy** I am
soya *f* soy bean
su his, her, its, theirs, yours
subida *f* climb; ascent
subieron (*pret of* **subir**): (**ellos**) **subieron** (they) climbed
subimos (*pret of* **subir**): **nosotros subimos** (we) climbed
subió (*pret of* **subir**): (**él**) **subió** (he) climbed
subir to rise, go up; to climb
subnormal *m f* handicapped
substituto *m* substitute
subsuelo *m* subsoil
subterráneo underground
sucedió (*pret of* **suceder**) (it) occurred
suceso *m* event
sucio dirty
sudamericano South American
sueldo *m* salary
suelen (*pres of* **soler**): (**ellos**) **suelen** (they) are in the habit of
suelo *m* ground; floor
suena (*pres of* **sonar**) (it) sounds
sueña (tú) (*imp of* **soñar**) (you) dream
sueñan (*pres of* **soñar**): (**ellos**) **sueñan** (they) dream
sueño *m* dream; sleepiness
suerte *f* luck
suficiente sufficient
suficientemente sufficiently
sufra (usted) (*imp of* **sufrir**) (you) suffer
sufrí (*pret of* **sufrir**): **yo sufrí** I suffered
sufrió (*pret of* **sufrir**): (**él**) **sufrió** (he) suffered
sufrirán (*fut of* **sufrir**): (**ellos**) **sufrirán** (they) will suffer
sugestivo suggestive
sujeto *m* subject, topic
sujeto subject; liable
sumergido (*pp of* **sumergir**) submerged
sumisión *f* submission
suntuoso sumptuous
supe (*pret of* **saber**): **yo supe** I knew
super super

superar to surpass
superestrella superstar
superficie *f* surface
superior superior
superioridad *f* superiority
supermercado *m* supermarket
supuesto supposed
  por supuesto of course
supremacía *f* supremacy
sur *m* south
surrealista surrealist
suspender to stop; to suspend
sustantivo *m* noun
sustituir to substitute
suyo his

t

tableta *f* tablet
tacaño stingy
tal such, such a
tal vez perhaps
talento *m* talent
tamaño *m* size
también also, too
tampoco neither, not either
tan (*contr of* tanto) so
tanto so much
  tanto... como as much (many) . . . as
taquilla *f* box office
tardarse to delay
tarde *f* afternoon
tarde late
  más tarde later
tarea *f* job, task
tarjeta postal postcard
Tauro Taurus
taza *f* cup
te to you (*familiar*)
teatral theatrical
teatro *m* theater
técnica *f* technique
técnico *m* technician
técnico technical
tecnológico technological
tejido *m* weaving; woven cloth
tela *f* cloth; fabric
teleespectador *m* television watcher
teléfono *m* telephone

televisión *f* television
tema *m* subject; theme
temblaban (*imperf of* **temblar**): (ellos)
    temblaban (they) were shivering
temblar to shiver, tremble
temer to fear
temperamento *m* temperament
templo *m* temple
temprano early; premature
tendencia *f* tendency
tendrá (*fut of* **tenter**): (él) **tendrá** (he) will
    have
tener to have; to hold
  tener calma to be quiet, calm
  tener cinco años to be five years old
  tener éxito to be successful
  tener lugar to take place
  tener noticia to know of
  tener prisa to be in a hurry
  tener que + *inf* to have to
  tener razón to be right
  tener suerte to be lucky
tengo (*pres of* **tener**): **yo tengo** I have
tengan (*pres sub of* **tener**) (that they) had
tenía (*imperf of* **tener**): (él) **tenía** (he) used
    to have; had
tenido (*pp of* **tener**) had
  (él) **ha tenido** (*pres perf of* **tener**) (he) has
    had
tenis *m* tennis
tensión *f* tension
tentación *f* temptation
tercero third
terminado (*pp of* terminar) ended; finished
terminar to end, finish
terminarán (*fut of* **terminar**): (ellos)
    terminarán (they) will end
terminaron (*pret of* **terminar**): (ellos)
    terminaron (they) finished
terminé (*pret of* **terminar**): **yo terminé** I
    ended
terremoto *m* earthquake
terreno *m* ground, land
terrestre terrestrial
terrible terrible
territorio *m* territory
tertulia *f* social gathering; party
tesoro *m* treasure
testimonio *m* testimony, evidence

texto *m* text

tez *f* complexion

tiemblan (*pres of* temblar): (ellos) tiemblan (they) tremble

tiempo *m* time
  a tiempo on time
  perder el tiempo to waste time

tienda *f* shop

tiende (*pres of* tender): (él) tiende (he) tends

tiene (*pres of* tener): (él) tiene (he) has

tierra *f* land, ground

tímido timid

tipo *m* type

tirar to pull

titular to entitle, name

título *m* title

tocadiscos *m* record player

tocar to play (*an instrument*); to touch

todavía still, yet

todo all, whole, every; everything
  en todas partes everywhere
  por todas partes everywhere
  todo el día all day long
  todo el mundo everyone
  todos ellos all of them
  todos los años every year
  todos los días every day
  todos los meses every month

tolerante tolerant

tomado (*pp of* tomar) taken

tomar to take; to drink

tomaron (*pret of* tomar): (ellos) tomaron (they) took

tomate *m* tomato

tomó (*pret of* tomar): (él) tomó (he) took

tono *m* tone

tópico *m* topic, subject

toro *m* bull

torpedo *m* torpedo

total total

totalmente totally

totalidad *f* totality

totem *m* totem

trabajaba (*imperf of* trabajar): (él) trabajaba (he) used to work

trabajábamos (*imperf of* trabajar): nosotros trabajábamos we used to work

trabajador *m* worker, laborer

trabajador painstaking, laboring; hard-working

trabajar to work

trabajará (*fut of* trabajar): (él) trabajará (he) will work

trabajé (*pret of* trabajar): yo trabajé I worked

trabajen (*pres subj of* trabajar) (that they) work

trabajo *m* work, job; hardship
  compañero de trabajo co-worker

tradición *f* tradition

tradicional traditional

tradicionalmente traditionally

traducción *f* translation

traer to bring; to have (a child)

tragedia *f* tragedy

trágico tragic

traído (*pp of* traer) brought
  (él) ha traído (*pres perf of* traer) (he) has brought

traidor *m* traitor

traje *m* suit

tranquilidad *f* tranquility

tranquilo peaceful, calm, tranquil

transformación *f* transformation

transición *f* transition

transmitir to transmit

transportar to transport

transporte *m* transport; transportation

transposición *f* transposition

tratar to try; to treat
  tratarse de to be a question of, deals with
  como si se tratara de as if it dealt with

tratarán (*fut of* tratar): (ellos) tratarán (they) will try

trate (usted) (*imp of* tratar) (you) try

trato *m* treatment; behavior

(a) través de through, across

trece thirteen

treinta thirty
  treinta y cinco thirty-five
  treinta y nueve thirty-nine

tren *m* train

tres three

tribu *f* tribe
  la tribu mochica Mochica tribe
  la tribu nazca Nazca tribe

trigo *m* wheat

triple triple

triste sad; sorrowful

tristemente sadly

tristeza *f* sadness; sorrow

triunfal triumphal

triunfar to triumph; to succeed

triunfo *m* triumph; success

trofeo *m* trophy

trompeta *f* trumpet

tronco *m* tree trunk

tropical tropical

tu your

tú you

tumba *f* grave, tomb

tumultuoso tumultuous

túnel *m* tunnel

turista *m f* tourist

turístico tourist

turno *m* shift

tuve (*pret of* **tener**): **yo tuve** I had

tuvo (*pret of* **tener**): (**él**) **tuvo** (he) had

Tuxpan Tuxpan (*city in Veracruz, Mexico*)

u

últimamente recently; finally

último last, final; most recent

ultramar *m* overseas

un a, an

único only; sole; unique

  lo único the only thing

unido united

unión *f* union

unir to unite

universal universal

universidad *f* university

universitario university

uno one

uno por uno one by one

unos some

urbanización *f* urbanization

urbano urban

urgente urgent

usaba (*imperf of* **usar**): (**él**) **usaba** (he) used to use; used

usando (*pres part of* **usar**) using

usar to use

use (**usted**) (*imp of* **usar**) (you) use

uso *m* use; wear

usó (*pret of* **usar**): (**él**) **usó** (he) used

usted you

  usted mismo (you) yourself

útil useful

utilizar to utilize

utilizaron (*pret of* **utilizar**): (**ellos**) **utilizaron** (they) utilized

v

va (*pres of* **ir**): (**él**) **va** (he) goes

  ¡qué va! nonsense

vaca *f* cow

vacaciones *f pl* vacation

vacío empty; vacant

valer to be worth, worthy

válido valid

valiente courageous, brave

valioso valuable

valor *m* value; valor

valle m valley

(se) van (*pres of* **irse**): (**ellos**) **se van** (they) leave

van (*pres of* **ir**): (**ellos**) **van** (they) go

vanidoso vain, conceited

variado varied

variante *f* variant

variedad *f* variety

varios various, several

vasco *m* Basque

vaso *m* vase; glass

vea (**usted**) (*imp of* **ver**) (you) see

veces *f pl* times

  a veces sometimes

vecino *m* resident; neighbor

veinte twenty

  veinticinco twenty-five

  veintiún twenty-one

  a los veintiún años at the age of twenty-one

vela *f* candle

velocidad *f* velocity

veloz quick, swift

vencedor *m* winner

vencer to defeat

vendedor *m* seller; salesperson

vender   to sell

vendí (*pret of* **vender**): **yo vendí**   I sold

vendías (*imperf of* **vender**): **tú vendías**   you used to sell

(se) vendieron (*pret of vender*)   were sold

venezolano   Venezuelan

Venezuela *f*   Venezuela

vengo (*pres of* **venir**): **yo vengo**   I come

venía (*imperf of* **venir**): **(él) venía**   (he) came

venían (*imperf of* **venir**): **(ellos) venían** (they) used to come; came

venido (*pp of* **venir**)   come

 (él) ha venido (*pres perf of* **venir**)   (he) has come

venir   to come

venta *f*   sale

ventaja *f*   advantage

veo (*pres of* **ver**): **yo veo**   I see

ver   to see

verá (*fut of* **ver**): **(él) verá**   (he) will see

verano *m*   summer

verbo *m*   verb

verdad *f*   truth

verdaderamente   truly

verdadero   true

verde   green

versión *f*   version

verso *m*   line (*of a poem*)

vertical   vertical

vestido *m*   dress

vestidos *m pl*   clothing

vestir   to dress

vestuario *m*   costume

veta *f*   vein, seam (*of mineral*)

veterinario   veterinary

vez *f*   time

 a veces   sometimes

 de vez en cuando   from time to time

 en vez de   instead of

 por primera vez   for the first time

 tal vez   perhaps

 una vez allí   once there

vi (*pret of* **ver**): **yo vi**   I saw

vía *f*   route

viajando (*pres part of* **viajar**)   traveling

viajar   to travel

viaje *m*   voyage, journey, trip

viajero *m*   traveler

viajó (*pert of* **viajar**): **(él) viajó**   (he) travelled

vicecónsul   vice-consul

víctima *f*   victim

victoria *f*   victory

victorioso   victorious

vida *f*   life

 nivel de vida   standard of living

 por toda la vida   for life

viejita *f*   little old lady

viejo   old

viendo (*pres part of* **ver**)   seeing

viene (*pres of* **venir**): **(él) viene**   (he) comes

viento *m*   wind

vientre *m*   belly

viernes *m*   Friday

vigilado (*pp of* **vigilar**)   watched over

vigilar   to watch over

vigor *m*   vigor

vino *m*   wine

vino (*pret of* **venir**): **(él) vino**   (he) came

vio (*pret of* **ver**): **(él) vio**   (he) saw

violencia *f*   violence

violento   violent; impetuous

Virgo   Virgo

virilidad *f*   virility

visión *f*   vision

visita *f*   visit

visitando (*pres part of* **visitar**)   visiting

visitante *m f*   visitor

visitaron (*pret of* **visitar**): **(ellos) visitaron** (they) visited

vista *f*   view; sight

 punto de vista   point of view

visto (*pp of* **ver**)   seen

 (él) ha visto (*pres perf of* **ver**)   (he) has seen

visual   visual

vital   vital

vitalidad *f*   vitality

vitamina *f*   vitamin

vivía (*imperf of* **vivir**): **(él) vivía**   (he) used to live; lived

vivienda *f*   housing

viviendo (*pres part of* **vivir**)   living

 viviendo de milagros   living from hand to mouth

vivieron (*pret of* **vivir**): **(ellos) vivieron** (they) lived

vivir to live

vivirán (*fut of* **vivir**): **(ellos) vivirán** (they) will live

  vivir y dejar vivir to live and let live

vivo alive; living

vivo bright

vocabulario *m* vocabulary

voces *f pl* voices

volcán *m* volcano

volar to fly

volvería (*cond of* **volver**): (it) would return

voluntad *f* will

voy (*pres of* **ir**): **yo voy** I go

voz *f* voice

vuelan (*pres of* **volar**): **(ellos) vuelan** (they) fly

vuelo *m* flight

vuelta *f* turn

  dar una vuelta to take a walk; go for a ride

vuelto (*pp of* **volver**) returned

  (él) ha vuelto (*pres perf of* **volver**) (he) has returned

vuelven (*pres of* **volver**): **(ellos) vuelven** (they) return

y

y and

ya already; finally; now

  ya no no longer

  ya que since

yanqui *m* Yankee

yo I

z

zanahoria *f* carrot

zapato *m* shoe

zodíaco *m* zodiac

zona *f* zone

zoo *m* zoo

C
D
E
F
G 8
H 9
I 0
J 1

203